大是文化

WEM
BA
NYA
MA

文班亞馬

法國體育報《隊報》資深記者
伊安‧歐諾納
Yann Ohnona ——著

周暄軒——譯

Exclusif
les coulisses
de son arrivée
en NBA

Sommaire

各界推薦

如果有誰在 20 歲、進入 NBA 的第一個賽季，就有資格出寫真專書，那絕對是這位曠世奇才文班亞馬（Victor Wembanyama）。新秀賽季瘋狂的史詩表現，讓他不斷登上國際版面，本書是作者歷時兩年追蹤文班的教練、經紀人、家人……後所寫出的。未來關於他的傳記肯定會有很多，而現在讓我們翻開這第一本書，了解天才旅程的第一章吧！

——NBA 籃球 YouTuber ／ 10N

每個球員在進聯盟前都會有一個模板。唯獨文班沒有模板，沒有人能像他，長得那麼高，速度還那麼快。第一年進入聯盟就獲獎無數的他，注定會成為一個改變 NBA 的人。現在就和我一起從這本書來認識，這位不像別人，只想做自己的 NBA 怪物。

——人氣體育粉專「我只想寫寫體育」／飛鳥

NBA 不乏傳奇球星，但是他們的身材條件都屬於正常規格，直到 2023 年選秀，出現一位正常規格之外的文班，他不只是「建立法國王朝」、「復興聖城」的最佳代言人，還是個即將改變籃球時代的怪物天才。

——知名 NBA YouTuber ／庫奇

在「大鯊魚」俠客・歐尼爾（Shaquille O'Neal）、「石佛」提姆・鄧肯（Tim Duncan）後，再也沒有任何一位中鋒加入 NBA 讓我如此興奮了……一直到這位「法國天才」的出現。

我們甚至可以說，他不只是中鋒、也有後衛的敏捷和速度；還記得我在 2023 年 11 月 2 日轉播了文班對鳳凰城太陽隊（Phoenix Suns）的比賽，他拿下 38 分 10 籃板的恐怖成績，當晚太陽隊換誰都守不住他，真的讓我驚呆了，而這只是他 NBA 生涯的第 5 場比賽而已，這個未來充滿了無限可能的怪物天才，你一定要認識！

——資深體育主播／張立群

說到維克多・文班亞馬，腦中浮現的詞彙是 generational talent——不世出的奇才。

什麼叫「不世出」？就是一整個世代也不一定出得了一個。

那不只是讓每個畫面看起來都像 P 圖或 AI 生成的身高與臂展，還有以如此超規格的逆天體型展現出來的細膩技術。

人家都說初生之犢不畏虎，而現在是初生的斑馬讓虎畏。

幾乎注定偉大的運動員，他的故事，值得搶先一讀。

——《麥可喬丹傳》、《曼巴精神》及《勒布朗傳》譯者／蔡世偉

從大爆發到大蘋果

CHAPTER 1
建立法國王朝

2023 年 6 月 22 日到 23 日的凌晨，文班亞馬成為法國第一位 NBA 選秀狀元，這是一次期待已久的初步肯定，但他的最終目標遠不止於美國夢。這位來自法國法蘭西島勒謝奈（Le Chesnay）的天才，光芒已經照亮整個法國體壇，希望最終能將法國打造成世界上最強大的籃球國度。

紐約（New York）——在時代廣場不斷穿梭的黃色計程車中，距離第五大道 NBA 總部僅幾個街區，維克多・文班亞馬的面孔及修長身影，被掛在幾十公尺高的 LED 螢幕看板上。看板上的他身穿大都會 92（Metropolitans 92）隊球衣，射出一記投籃的英姿。

2023 年 6 月

22 日。文班亞馬在紐約 3 天的心情猶如坐雲霄飛車般，忽高忽低。從美國紐華克（Newark）機場如搖滾明星般的登場、到在洋基球場的首次開球儀式，再到充滿閃光燈的地鐵中穿梭，今天是個重要的日子，文班亞馬的日子。

距離他登上布魯克林巴克萊中心（Barclays Center）的舞臺只剩幾個小

時，這位來自勒謝奈的天才（年僅 19 歲）毫無懸念的將被 NBA 總裁亞當‧蕭華（Adam Silver）叫上臺並將親手為他戴上印有聖安東尼奧馬刺隊（San Antonio Spurs）標誌的帽子。

NBA 自從「天選之子」勒布朗‧詹姆斯（LeBron James）崛起以來，就再也沒有見過如此瘋狂、需要保鏢護送的場面，許多當地觀察家甚至認為可以媲美當年的盛況。「文班」即將成為法國第一位 NBA 選秀狀元。

所有人都認為這是他職業生涯起點的歷史性一刻——很少見到一位如此受媒體關注的運動員，且幾乎沒有任何「黑粉」。

2023 年 6 月 19 日星期一，在大西洋上空，前往決定他命運的航班上，文班罕見的接受法國體育報《隊報》（L'Équipe）的 45 分鐘訪問。對他來說，「每一個紀錄——即使是張伯倫（Wilt Chamberlain）的百分紀錄——都是用來被打破的。」儘管他不想太早表露預想中

成功的賽季或職業生涯會是什麼樣子，但還是透露了其中一個夢想：贏得越多的冠軍戒指越好，並且讓法國成為世界上最強大的籃球國家。或如他優雅的說法：「建立法國王朝」。

出發前往美國的前幾天您睡得怎麼樣？

（笑）自從賽季結束之後（在決賽中布洛涅－勒瓦盧瓦〔Boulogne-Levallois〕輸給摩納哥〔AS Monaco Basket〕），我睡得還好，但睡得不多。在賽季期間，除了比賽，沒有任何事情值得犧牲一分鐘的睡眠。現在，我的睡眠更少了，但不是因為壓力，而是為了選秀所需準備的一切。即使會興奮到前一晚無法入睡，我也盡力讓自己有足夠的睡眠。

您有收到什麼特別禮物來慶祝這重要的一天嗎？

從來沒有這麼多人同時間告訴我或發訊息給我，他們為我感

▲文班一家在紐約時代廣場的大型螢幕下合影。由左至右：弟弟奧斯卡（Oscar）、姊姊伊
芙、維克多和他們的父母艾洛蒂‧佛德侯（Élodie de Fautereau）和費利克斯‧文班亞
馬（Félix Wembanyama）。

到驕傲。

在出發前，我見到了家人，除了姊姊伊芙（Eve），她目前待在法國 3x3 籃球國家隊，但之後會來和我們會合。這就是我的禮物，不是什麼物品，而是與他們共度的時刻。

大家都知道您愛看書。但怎麼會有空？

當然。我剛讀完了《颶光典籍》（*The Stormlight Archive*）的前兩本書，每本都高達 850 頁，但我都看完了，就像上週讀完的《獵魔士 2》（*The Witcher 2*）一樣（他喜歡的兩個奇幻英雄系列）。現在我正在讀《三體》（中國科幻小說），它不是傳統的科幻小說，內容與眾不同。

您的生活即將改變。今天算是您新生活的第一天嗎？

（沉思）不。我認為真正的第一天應該是選秀之夜，6 月 22 日。那天肯定會是一個分水嶺。

跟我們聊聊您在這個新階段的轉變。例如在您的訓練基地楠泰爾（Nanterre，2023 年 5 月 8 日）那場比賽後您挺激動的。

我不會因為哭泣而感到羞愧，這只是一種表達情感的方式而已，就像笑一樣。我不會壓抑自己，我是自由的。沒有理由要隱藏這些情感。那場比賽真的非常特別，有些球迷我認識了許多年，他們總是坐在同一個位置和我道別。這一切太不可思議了。

「文班！文班！」這首響徹法國場館的歌曲讓您聯想到什麼？會想到您的第一段職業生涯即將結束嗎？

這實在太瘋狂了。比賽時不太會注意到這個，但當我事後看到那畫面時，真的讓人起雞皮疙瘩。能對這麼多人產生這樣的影響，甚至包括那些你不認識的人，以及那些沒能買到票的觀眾——我知道有時候票很難搶（笑）。我希望能夠一直這樣鼓舞法國。與大都會 92 隊一起做到了前所未有的

事情，我沒有遺憾。這不是結束，而是開始。

這不僅僅指我自己。也希望在不久的將來，人們能夠看到法國籃球與過去截然不同的區別，以及它在世界舞臺上的地位。我希望我們能夠一起建立法國的王朝。

我想要建立一個法國的王朝，當然不是像拿破崙那樣喔（笑），只是希望法國能成為世界上最強大的籃球國家，並且長長久久。讓大家都這麼看待我們。同時也希望能超越美國，讓他們在比賽前說：「我們必須擊敗法國。」巴黎奧運之後就是洛杉磯奧運。這會是一個循環嗎？現在很難下結論，只有未來才能揭曉。

ESPN 的一篇文章中引用了您的話，提到您希望在巴黎奧運會決賽中擊敗美國⋯⋯。

這有點斷章取義了。我想我當時並沒有那麼具體的表達。當然，身為國家代表隊，在決賽中擊敗最強的國家會是每個人的夢想。但這樣說出來，聽起來像是一種挑釁。

我相信宇宙中存在某些模式，而達成夢想和自我實現的一種方式就是遵循這些模式。

那……您不想挑釁嗎？

其實，我有時候也會想挑釁一下，但這必須有點分寸（笑）。

我們回到選秀話題。在法國國家隊的記者會上，您提到自己「從出生起」就一直在為這一切做準備？

這個夢想、這些目標，可說是我從出生就有的抱負。我認為自己一直以來都有這種意志和狂熱。當然，前幾年並沒有意識到這種感覺，但這是我內心的一部分，也是推動我前進的動力。

在 5 月 16 日的選秀抽籤大會中，您還說過：「宇宙告訴過我（會是聖安東尼奧）」……。

我相信宇宙中存在某些模式，而達成夢想和自我實現的一種方式就是遵循這些模式。我堅信這一點，而且總是有不錯的成果。生命中發生的許多事情，我不認為是巧合。我非常確信馬刺隊會是我的首選。我還有其他預感，但現在說出來可能就會劇透了（笑）。

選秀抽籤大會前，和麥可・魯賓（Michael Rubin，美國體育商品大亨，Fanatics 公司的億萬富翁執行長，他與文班曾簽訂一份合約）共進晚餐時，我和他談到這件事，我也拍了一段預告影片，只是在結果出來後，才會公開這段影片。

您有為這個重要時刻準備什麼特別的東西？例如某個物品或配件？

會有一個驚喜。我會戴一些代表我的東西（見第 48 頁）。真正了解我，或是非常關注我、知道我對什麼感興趣的人，可能已猜到是什麼。

您打算如何站上舞臺？

首先，絕對不要在舞臺上滑倒。這件事曾經發生過嗎？我盡量不去想這些（笑）。當然，選秀有一種神祕感、一種能量。當你長時間強烈思考某件事時，它會變得幾乎具體可見。當聽到蕭華說出那句話的瞬間，那一刻其實早已在我心中醞釀多年。

如果您被選為狀元，而且有 3 個法國球員在首輪就被選中，這將會創下法國的選秀紀錄……。

目前最高紀錄是基利安·海耶斯（Killian Hayes，2020 年選秀第 7 順位），對嗎？這個紀錄很有可能被打破，而且……（笑）甚至可能不是我（指由比拉爾·庫利貝瑞〔Bilal Coulibaly〕打破，最終庫利貝瑞以第 7 順位被選中）。

您替比拉爾做很多宣傳啊？

替朋友加油很正常啊！而且最重要的是，他一直被嚴重低估了。

您對即將到來的 NBA 比賽有什麼想法？尤其在結束法國籃球甲級聯賽（Betclic Élite）後，面對當時像是查爾斯·卡胡迪（Charles Kahudi，艾斯維爾隊〔Lyon Asvel Villeurbanne〕，準決賽）和約翰·布朗（John Brown，摩納哥隊，決賽）所給予的超高強度防守……你現在有終於自由的感覺了吧？

老實說，有時我覺得法國的場地太小。有些在那裡被允許的事情，在 NBA 中是被禁止的。但這些經歷並不會困擾我。這只是兩種不同的運動。我認為在 NBA 中我更能發揮自己，因為有更多的空間，更少的雙人包夾……兩者基本上並沒有優劣之分。NBA 有更好的球員，但戰術和教練方面，可能不如歐洲聯賽那麼強。不過，也有一些球隊很注重這些，例如聖安東尼奧。所以我不擔心。我相信有一天我會在這樣的球隊中找到自己的位置（大笑）。

您了解過 2013～2014 賽季馬刺隊的歷史嗎？（那年東尼·帕克〔Tony Parker〕和伯利斯·迪奧〔Boris Diaw〕奪冠）

當然知道，這是我看過打得最好的籃球賽之一。這是團隊合作的精髓和顛峰，每個人都讓隊友變得更好。而在這麼短的時間內贏得 5 次冠軍（1999 年、2003 年、2005 年、2007 年、2014 年），意

義重大。

　　東尼・帕克祝賀我並祝我好運。對我來說，加入一支擁有法國傳統、與東尼及格雷格・波波維奇（Gregg Popovich）有歷史淵源的球隊，是一個巨大的優勢，也是穩定的保證。這是最適合我的地方。

您能想像自己有一天可以超越一些歷史上最偉大的球員嗎？例如提姆・鄧肯（1997 年選秀第 1 順位）、大衛・羅賓森（David Robinson，1987 年選秀第 1 順位）等。

那我得先練練我的擦板球才行！（鄧肯的招牌招式為 45 度角擦板球）因為提姆不夠高調，就被那些負責排名歷史最佳球員的人低估了。成為最偉大的人是需要時間來建構的。我現在還沒有立場來說這句話，還是先成為場上最強的人，一天比一天更進步。

您在 NBA 的目標是？成為歐洲版的麥可・喬丹（Michael Jordan）？

急於求成是沒有用的。在想要改變任何事情之前，必須先證明自己的價值。我想成為那個最努力工作的人、最積極寫下自己和球隊歷史的人。

您希望在進入 NBA 的第一個賽季就獲得冠軍嗎？

我當然想。但我還沒有真正的了解 NBA。甚至還沒有打過一場 NBA 比賽……我會以謙遜的態度迎接這個賽季，盡可能的學習，並以最快的速度取得勝利。

進入季後賽是否讓您感到滿意？

讓我們拭目以待。

對您來說，什麼樣的職業生涯才算成功？

目前我還沒有答案。

您喜歡與眾不同。在像 NBA 這樣競爭激烈的環境中，要如何做到這一點？

與眾不同是存活下來的唯一方式。要怎麼與眾不同？百分之百做自己，一個不被任何框架限制的球員，並且盡可能贏得越多的冠軍戒指。

"

這一切的唯一目的，就是為了照顧我的家人，如果我有能力，也希望能改變人們的生活。"

這是否包括大幅度的改變擔任的角色，在小前鋒甚至是控球後衛位置上發展嗎？

因為總教練文森特・科萊特（Vincent Collet）讓我在控球後衛的位置做了很多訓練，我也曾在比賽中擔任過這個角色。所以我不認為這是很大的變動，而是一種個人的願景和性格。沒有人能阻止我在任何位置上發揮自己的實力。

像 1962 年張伯倫的 100 分得分紀錄，這樣的成就是否會激發您的競爭本能？

當然。每一個紀錄，即使是像這樣非常難以達成的紀錄，都是用來打破的。

哪個才是您夢想的職業道路？在多個球隊贏得冠軍？還是整個職業生涯都效力於同一支球隊？

忠誠在運動中是很重要的原則，對我來說也是。這就是為什麼我在法國楠泰爾待了這麼長的時間（從 2014 年到 2021 年），儘管我本來可以更早就去巴塞隆納（Barcelona）或其他地方。但老實說，作為一個還沒有進入聯

盟的新人，我現在無法給出確切的答案，因為不知道明天會發生什麼事。

對所有旁觀者來說，傷病的風險似乎就像古希臘傳說中的達摩克利斯之劍（épée de Damoclès，指隨時可能降臨的橫禍）懸掛在您頭上。這會讓您感到焦慮嗎？

完全不會，因為與其他和我身材相似的球員相比，我做事的方式一直與眾不同，也就是從來沒有像我這樣的球員，所以我沒有可參考的對象。我們很多原本的認知都需要重新思考。例如，我的體能教練吉約姆·阿爾基耶（Guillaume Alquier）會讓我在接近受傷的範圍內進行訓練，以便讓身體準備好應對極端情況。

您已經是一位明星了。但您想成為什麼樣的明星？像美國球星那樣閃閃發亮，還是像尼古拉·約基奇（Nikola Jokic）那樣，一得到冠軍就回去關注賽馬，不在乎弄丟了冠軍獎杯的 MVP ？

（笑）介於兩者之間吧。我對閃閃發亮的東西不感興趣。你絕對不會看到我只因為衣服要價不菲，或正在流行而穿。我只穿自己認為好看的衣服。所以在選秀的那天，我的裝扮會有一個小驚喜。賺錢的目的是為了花錢的時候不用擔心價格。一直以來，我都告訴自己，錢不應該成為問題，而它也不會成為問題。我知道我會變得富有，但購買高級名牌、遊艇，或是去異國度假旅行，對我來說都不重要。我做這一切的唯一目的，就是為了照顧我的家人，如果我有能力，也希望能改變人們的生活。

關於法國國家隊總教練文森特·科萊特說，他冀望您如同東尼·帕克一樣，儘速承擔起領導團隊的角色。這對您有什麼啟發？

我第一次參加法國國家隊是對上立陶宛（2022 年 11 月 11 日，以 90 比 65 勝利，拿下 20 分和 9 個籃板），我對一開始就需承擔這

樣的責任感到驚訝。我試著保持謙虛，畢竟隊裡還有一些比我資歷更深的球員，有些傳統需要遵守。除了 2021 年的 U19 青年世界盃以外——那次決賽輸給美國隊至今讓我耿耿於懷——我從未擔任過這樣的角色。但法國隊的精神就是……奉獻。穿上這件球衣，就是要全力以赴。而我已準備好承擔任何角色。

您的偶像之一，柯比・布萊恩（Kobe Bryant），曾說過他內心有一股狂熱、一種深層的動力，讓他不斷前進，成為最優秀的人。那您呢，為什麼要做這一切？

最簡單的答案就是自我實現。這幾乎是一個為我寫好的劇本。沒有什麼能阻止我按照這個劇本走，或是讓我偏離想要達成的目標。

受邀至艾麗榭宮

2023 年 6 月 16 日星期五下午，在兩次試裝和為出發美國前的最後準備期間，文班亞馬受邀前往艾麗榭宮（Palais de l'Élysée，法國總統官邸與辦公室）。在巴黎羅蘭加洛斯（Roland-Garros）球場舉行的法國籃球甲級聯賽，對陣摩納哥決賽失利的隔天，他的父母和經紀人傑瑞米·梅賈納（Jérémy Medjana）陪同這位出生於法國勒謝奈的年輕人，與法國總統共度了 1.5 小時。

根據總統辦公室的說法，總統馬克宏（Emmanuel Macron）曾多次想要觀看這位天才的比賽，但總是因為國際事務未能如願。因此，總統堅持要在文班前往美國前與他見面。這次交流涉及文班的職業生涯以及他在巴黎奧運會中的代表地位——無論是在體育層面、象徵性意義，還是對國家形象來說——與足球員基利安·姆巴佩（Kylian Mbappé）或橄欖球員安托萬·杜邦（Antoine Dupont）等法國體育明星一樣。會談結束後，馬克宏總統親自帶領文班參觀艾麗榭宮及其辦公室。

Source Twitter

▲
馬克宏的 X（前稱 Twitter）貼文

維克多·文班亞馬，第一位奪得 NBA 選秀狀元的法國球員！
親愛的@ Vicw_32，你讓我們抱持著夢想。毫無疑問的，你將在自己的歷史上留下一段印記。

棄權 2023 世界盃

4 次。在 2024 巴黎奧運會之前，維克多‧文班亞馬明確表示這將是他職業生涯中最重要的目標之一。這位新加盟聖安東尼奧馬刺隊的年輕大前鋒，為法國國家隊出場次數將暫時停留在 4 次。

在 2023 年世界盃資格賽的國際比賽期間，他打了 4 場比賽。這就足以讓他成為首秀得分 20 分或以上的 4 位球員之一，並且追平魯迪‧戈貝爾（Rudy Gobert）17 個籃板的歷史紀錄。這些成績讓人充滿期待。

一個「個人」、且困難但無法改變的選擇

幾天後，文班在選秀後宣布退出世界盃的消息，讓不少人感到失望，尤其是國家隊總教練文森特‧科萊特。儘管整個賽季，甚至在 NBA 選秀前幾天，文班都表達了參賽的意願。但最終他做出了這個「個人」、且困難但無法改變的選擇，這是他與家人和醫療團隊商量後的決定，這位曾經因傷而錯過了 2022 年歐錦賽的球員向《隊報》透露，這個決定是基於謹慎的預防原則。

「從未來發展面來看，這並不實際，對健康也不夠謹慎。因為我的目標是未來 10 年到 15 年內都能保持良好的狀態，而不僅僅是 2023 年。我的身體必須準備好應對這種連續的挑戰，尤其是在下半年的奧運會上。我希望大家能夠理解。這個決定對我來說也很沮喪。法國國家隊對我來說很重要，我希望與它一起贏得更多的冠軍。所以現在的犧牲是必要的。」

失望但能理解

在 2022 年歐錦賽中擔任法國隊隊長的埃萬．富尼耶（Evan Fournier）說：「自私的說，我感到有點失望，因為我本來很期待與他一起打球。」但他表示理解文班的決定。

「我百分之百也會做出同樣的決定。不是因為疲勞，也不是為了避免受傷。這些都是廢話。你打的比賽越多，就越能適應。但他正面臨一個巨大的轉變，他想好好開始他的職業生涯，他有宏偉的目標，需要認識新的人，融入球隊文化，每一步都伴隨著壓力。他在勒瓦盧瓦打球時還很悠閒，因為他還沒有意識到這點，現在他已意識到自己必須全力以赴。這是一個新的開始，無論是否被炒作，對手根本不在乎，你的隊友也不在乎。你必須證明自己、展現自己，這些都需要時間和努力。所以，我們巴黎見吧！」

CHAPTER 2

和文班一起搭飛機

在 NBA 選秀大日子到來的 3 天前，
《隊報》得以與維克多・文班亞馬同
行，搭乘了從巴黎飛往紐約的航班，
準備迎接這一重要時刻。

　　巴黎和紐約——維克多・文班亞馬「低
調」現身奧利（Orly）機場。經過一晚短暫
的睡眠，他戴著大墨鏡遮掩疲憊的眼睛，身
穿一件印有 Nike 標誌的黑色運動服，頭埋
在連帽衫裡。但他那 223 公分的身高不太可
能不被注意到，尤其是他還帶著幾輛裝有十
幾件行李的推車，其中光他自己的行李就有
8 件。在辦理登機手續的隊伍中，可以看到
他溫柔的擁抱著母親艾洛蒂・佛德侯。

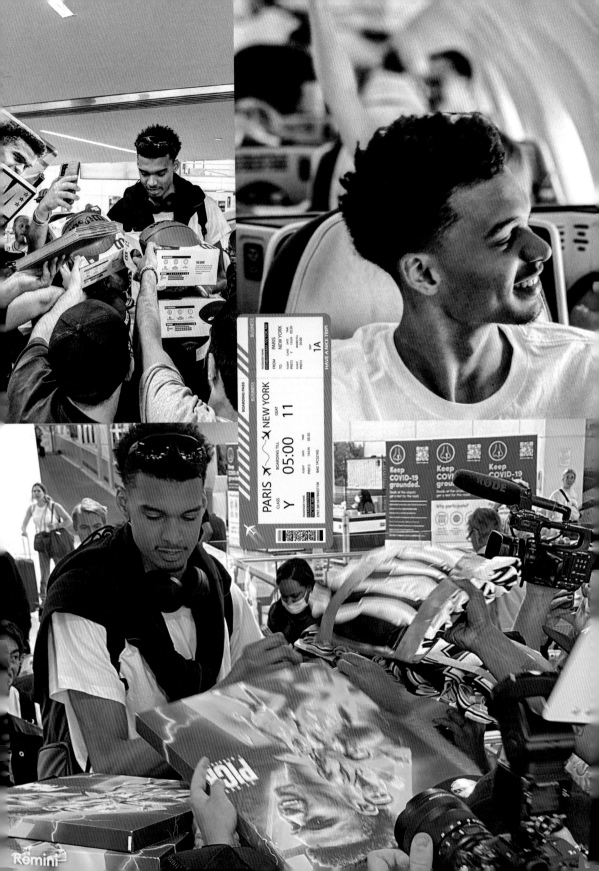

文班的行李很多嗎？還好吧，畢竟他將於 6 月 19 日星期一開始跨越大西洋之旅，3 天後就是 NBA 的選秀大日子，他將成為歷史上第一位法國選秀狀元，也算是他新生活的第一天。「真正的開始應該是在選秀當晚。現在我還沒有特別的興奮感，反倒是很平靜。」他在前往登機口的電梯上微笑著說道。

永遠都是焦點

文班一出現，目光的洗禮、驚訝的眼神、自拍的請求就開始接連不斷。無論他走到哪裡，人們就不由自主的回頭，甚至抬頭仰望。「他在電視上就已經很令人印象深刻了。現在親眼看到更是不得了……」當文班不得不低下頭，身體呈現直角才能通過安檢門時，一名安檢人員低聲說道。

自從 6 月 15 日，在宏偉的羅蘭加洛斯球場以 88 比 95，在總決賽第 3 場比賽輸給摩納哥後，文班亞馬接連好幾天忙著打包行李、處理選秀日的各種細節和安排，還抽空與法國總統馬克宏會面以及參觀艾麗榭宮。

同行的有他的母親，以及「累

◀席捲紐華克機場的「文班狂熱」（Wembamania）。

得半死」的經紀人傑瑞米・梅賈納，還有一支從賽季開始就跟隨他拍攝紀錄片的團隊，為紀錄片《內幕》（Inside，暫譯）做準備。文班亞馬搭乘 A321 NEO，僅有商務艙的公務航空（La Compagnie），他選擇緊急出口旁的座位。

與這位明星同乘這個航班的共有 76 人，他們時不時的望向這位即將成為偶像的人物。巴黎地勤負責人伊內斯・阿馬爾（Inès Ammar）解釋道：「能接待這樣一位名人是個榮耀，尤其是對我這個 NBA 球迷來說。我們對所有乘客都提供高標準服務，但對於這位 VIP，我們會特別關照，如果他或他的團隊有特殊要求的話。」

「我們絕對會好好照顧他，順利抵達紐約！」該航空公司還在 Instagram 上向 NBA 表示。

機場大騷動

閱讀、享用美食佳餚、小憩，然後接受《隊報》45 分鐘的採訪。

文班的飛行過程相當悠閒安靜。飛行結束後，他與機組人員合影留念，然後走下飛機。然而，這種平靜只是表象，人們興奮的氛圍和「文班狂熱」，已席捲紐澤西州的紐華克機場。

在機場走廊裡，想要合影的人數越來越多，語氣也越來越急切。許多路人趁他經過時，隨手舉起手機拍照，試圖捕捉這一瞬間，然後咯咯笑著逃跑。這些照片肯定很模糊。

在提領行李處，文班亞馬反覆清點了他的行李箱 8 到 10 次——他可不想把任何一件西裝落在機場。

「快一點，人群就要圍上來了。」經紀人梅賈納催促道，他已經察覺到大約有 100 名支持者聚集在航廈的出口處。

臨時簽名會

狂熱的粉絲們會密切關注社群網路上的任何線索，很容易就

能找到文班的航班和到達時間，他們就像在等待救世主一樣熱切。

有些人已經穿著印有文班名字和 1 號的聖安東尼奧球衣。「這款球衣還沒正式上市，馬刺隊現在還不能賣這個。」粉絲弗蘭基（Frankie）和內森（Nathan）承認道，他們聲稱自己直接從佛羅里達州（Florida）和田納西州（Tennessee）來到這裡，為的是要親眼見證文班亞馬進入 NBA，他們笑著說，這些球衣是在一個菲律賓網站上以每件 25 美元（按：約新臺幣 779 元，全書美元兌新臺幣匯率是以 2023 年之均價 31.16 元為準）價格買到的仿冒品。

「你要不要來一件？」其中一人打趣的問我們。

穿著球衣、帶著籃球、畫布和各種周邊商品，一群粉絲（或者說是未來的黃牛，很難分辨）全都蜂擁而上，文班亞馬也爽快的在這種喧鬧但愉快的氛圍中，進行了一場臨時的簽名會，美國媒體的攝影機也在現場捕捉這一切。

文班風暴來襲

從人群中擠出來花了幾分鐘，搬運行李的工作人員還一度跟丟了隊伍，嚇出一身冷汗。最後，他們鑽進兩輛黑色且窗戶不透光的廂型車，直奔所有參加選秀的球員下榻的威斯汀酒店，幾輛不明車輛也緊隨其後。

到達酒店時，一群迎接他的人早在那裡等著了。這次，他沒有再逗留，迅速穿過大廳，和他的團隊一起進入私人休息室，保安人員則忙著驅散圍觀者和真假難辨的簽名獵人。

在距離時代廣場只有一個街區的地方，文班亞馬的臉龐已經出現在這座繁華都市閃爍的巨型螢幕上，然而，真正的紐約風暴，還在後頭呢！

CHAPTER 3
王者之路

維克多·文班亞馬這枚火箭在 6 月 22 日至 23 日的夜晚騰空而起，直奔聖安東尼奧和更高的星空。這是這位 2023 年選秀狀元在紐約市中心度過的 4 個瘋狂的日子。

邁向顛峰的第一步

當巴克萊中心的巨大螢幕開始倒數計時，文班亞馬的夢想變得前所未有的真實。NBA 主席蕭華即將喊出他名字的那個舞臺，已經近在咫尺。

身為這個儀式的主角，文班穩穩的坐在椅子上，身邊圍繞著他的親人：父親費利克斯·文班亞馬、母親艾洛蒂·佛德侯、手足奧斯卡和伊芙，還有他的經紀人布納·

恩迪亞耶（Bouna Ndiaye）和傑瑞米·梅賈納、公關伊薩·姆博（Issa MBoh），以及他的新聞經理兼教母克萊門斯（Clémence）。

他的手裡握著一顆金色的籃球，顯得有些迫不及待。在宣布選秀選擇之前，每支球隊都有 5 分鐘的時間考慮。但這短短的 300 秒，對他們來說卻像漫長的等待，緊張得讓人屏住呼吸。「這是我一生中最長的 5 分鐘。」文班亞馬回憶道，「我看到家人們沉默不語，

在距離麥迪遜廣場花園不遠的34街上，一個巨型螢幕上，維克多‧文班亞馬的臉慢慢浮現，旁邊寫著：「你好，人類。」（HELLO HUMANS）

大家都在看錶，讓我的心情七上八下。」他有些坐不住，轉身環顧四周，耳邊傳來陣陣模糊不清的喧鬧聲，還有2小時以來不斷響起「文班！文班！」的呼喊。

而在這個選秀小綠屋裡，聚集了首輪選秀的熱門球員。在大螢幕下，還有一群穿著超大號球衣的孩子們正興奮的跑來跑去，充滿了喜悅的氛圍。在那關鍵時刻來臨前，文班曾與喬金‧諾亞（Joakim Noah），這位前芝加哥公牛隊（Chicago Bulls）的中鋒握手寒暄。他還接到了尼古拉‧巴頓（Nicolas Batum）和其他NBA法國球員的視訊通話，他們

想提前歡迎文班加入NBA這個大家庭。

一支麥克風高掛在這位前楠泰爾和大都會球員的桌子上方，捕捉他們之間的所有對話。隨著時間一分一秒過去，十幾臺攝影機逐漸靠近，最後把他們團團圍住，讓氣氛變得更加緊張和壓抑。終於來到解脫的一刻。蕭華回到舞臺上，然後說出那句萬眾矚目的話：「2023年選秀的第1順位，聖安東尼奧馬刺隊選擇了……來自法國楠泰爾的維克多‧文班亞馬！」他的話還沒說完，全場已爆發雷鳴般的歡呼聲，蓋過了主席的聲音。

#6.1

2023 年 NBA 選秀的收視人數達到數百萬人，創下 NBA 歷史上最高紀錄，遠遠超過以往的選秀。

「他真的說出了『來自楠泰爾』！」文班亞馬在楠泰爾球隊時（2014 年至 2021 年）的首任教練弗雷德里克・多納迪厄（Frédéric Donnadieu）激動得熱淚盈眶，他也是少數幾位受邀來此見證這一時刻的人之一。

「當我下午見到蕭華時，他就暗示會有一個驚喜。這是維克多特別要求的，他希望自己被介紹時提到來自我們那裡，而不是他的出生地勒謝奈。」、「對我們球隊來說，意義重大。更讓我感動的是，這是維克多的一片心意。還有，他穿的那套綠色的西裝……後來我找到他時，他笑著對我說：『怎麼樣？你高興嗎？』我覺得自己見證了一個歷史性的時刻。」

6 月 22 日的晚上，一如預期文班成為 NBA 選秀狀元，他逐一

擁抱在場的親友，接著走向距離他 50 公尺的舞臺。隨後，這位被詹皇稱為「外星人」的年輕人戴上馬刺隊的帽子（見第 72 頁），穩穩的邁出了他在「月球」上的第一步，彷彿腳下都帶著漂浮的力量。

「能坐在這張選秀狀元的桌子旁，對數百萬人來說，這是一個重大的希望。」經紀人布納·恩迪亞耶說，「我和傑瑞米·梅賈納並沒有比其他人有更多資源。我們只是抱持信念，然後不停的努力、努力再努力。我們成功的讓比拉爾和雷安·魯伯特（Rayan Rupert）坐上選秀席。多年來，人們都說我們做不到。但這次，我們證明了自己。」

同一時間，在距離麥迪遜廣場花園不遠的 34 街上，一個巨型螢幕上，維克多·文班亞馬的臉

「看到弟弟的眼淚時，
我就崩潰了。一切突然變得
那麼真實，但又像在做夢！」
── 伊芙・文班亞馬

慢慢浮現，旁邊寫著：「你好，人類。」

環遊世界和早餐塔可

他在後臺待了很長時間，甚至打亂了美國電視臺精確安排的節目進程。文班跟他的弟弟和母親一樣，坐在 ESPN 的沙發上，被稍早那一刻所震懾，眼眶溼潤。在姊姊伊芙的鼓勵下，他泣不成聲，不斷搖頭，也感到茫然，需要一點時間來恢復理智。

「看到弟弟的眼淚時，我就崩潰了。一切突然變得那麼真實，但又像在做夢！」文班披掛著印有 1 號的馬刺隊球衣，他不僅迫切的想贏得冠軍，還說他迫不及待的想在德州體驗一下當地的「早餐塔可」，那是在玉米餅皮中塞進滿滿炒蛋的傳統早餐。

根據馬刺隊的歷史傳統，這個場景其實是可以預期的。但情感的洪流仍然難以控制。「就像要生孩子，你在 9 個月前就會知道了吧？」文班笑著說，「可當那一刻真正到來時，還是會感動。今天發生的一切堪稱傳奇。蕭華唸出我名字的那一瞬間，是我夢寐以求的時刻，我幾乎能感覺到它的真實存在。」

避開眾人的視線後，文班再次與這位籃球界大老擁抱，接著有人遞給他一支智慧型手機。上面顯

示著格雷格・波波維奇——聖安東尼奧總教練的名字。隨後他們進行了一段簡短的法文對話。然後，這位年輕的絕地學徒——《星際大戰》（Star Wars）的忠實粉絲——對他未來的尤達（Yoda）大師說：「我準備好了，我很期待。」事後，他輕鬆的說：「這次交談非常輕鬆。他對我並沒有太過嚴肅。好吧……至少目前還沒有。不過，我相信他很快就會變得更加嚴屬了（笑）。」

文班再次出現在巴克萊中心的大型螢幕上，逆向穿過會場，眼睛因激動而微微腫脹。他開始在布魯克林籃網隊（Brooklyn Nets）主場那迷宮般的走廊展開一段「艱難旅程」，走廊上貼滿了過去各種演唱會的海報。他需要穿過電視攝影棚、官方講臺，以及 VIP 區，這些狹小的隔間都以黑色窗簾隔開——其中一間是專門保留給三十

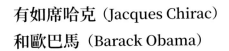

多名法國記者使用的。

每隔 5 分鐘，這位「外星人」就會降落在不同的星球上，從容的回答那些千篇一律的問題，宛如進行了一場全球媒體快閃。他對負責媒體邀請的經紀人伊薩・姆博微笑示意，經紀人的黑眼圈比這名球星的還深，他問：「好了嗎？結束了嗎？」

此時距離他走上舞臺已經過去兩個多小時，然而，這還只是個開始。接下來的慶祝活動將會讓這個夜晚變得更加短暫，為他在大蘋果度過的 4 個瘋狂日子劃上句號。

有如席哈克（Jacques Chirac）和歐巴馬（Barack Obama）

2023 年 6 月 20 日星期二，下午四點。在紐約地鐵哥倫布圓環站中央公園邊，面對川普大廈，

地鐵列車轟鳴著。這次不僅僅是列車在油漆剝落柱子之間穿梭的聲音。一個223公分的身影蜷縮著身體下樓梯，聞著這個地方揮之不去的刺鼻氣味，並時不時低頭穿過狹窄的走廊，身邊被一百多人的隊伍護衛著。隊伍裡有他的隨行保鏢、交頭接耳的記者——如《隊報》、《紐約時報》（The New York Times）和《TF1》等，以及紐約市警察局的警員——這些警員與其說是保護他，不如說更熱衷於向文班亞馬要簽名和自拍。「小心你的包包，他們看起來不太專心。」一位家族成員在笑聲中告訴我們。

人群中還有一些圍觀者，甚至包括比拉爾・庫利貝瑞——這位即將成為選秀第7順位的球員，不過，似乎沒有人注意到滿臉笑容的他。文班的捲髮輕觸車廂的天花板，擁擠的車廂內擠滿了人。「這很酷，這裡比較高，我在巴黎地鐵裡根本無法站直。」身穿著紐約洋基隊（New York Yankees）傳奇人物喬・狄馬喬（Joe DiMaggio）5號球衣夾克的文班笑著說。

他們正前往布朗克斯區161街的洋基體育場。「歡迎來到紐約！」、「年度新秀！」、「維克多！看這裡！」幾乎每走一步都有人攔住他打招呼。

在路上，文班跟他的經紀人分享了一個小故事。在14歲的一次訓練中，有一顆球卡在籃框和籃板之間。「我成功的跳起來碰到球了……但卻是用腳踢到的，就像扣籃教父賈尼（Kadour Ziani）那樣。希望有天我能再做一次。」說完這段話，他坐下來接受了一個法國電視臺的短暫採訪。

「這次的地鐵之行可能是這星期最酷的時刻了。」伊薩・姆博解釋道，「是文班堅持要這麼做的，他知道之後很少有機會體驗這樣的事情。」這星期經紀人的手機就像「聖誕樹」一樣一直狂閃。「這種熱情簡直瘋狂，比我們在法國見過的要瘋狂的多。聽說有人認為我們『做得太過了』。但

為什麼自己人要挑自己人的毛病呢？我們有一個不僅能在體育上取得成就，還能代表法國的傢伙。我們應該為此感到驕傲。」

在地鐵出口，文班將雙手放在閘門的兩側，雙腳併攏，一步跨過了擋路的閘門。不知他是否知道，1980 年在巴黎的奧柏站（Auber），法國前總統席哈克也曾用同樣的方式越過閘門，那一幕還成了經典畫面。

在球場邊的紅土上，這位法國人收到「加油！馬刺，加油！」的歡呼和歡迎，這在紐約很罕見。他在幾個地方逗留，走到防護網，與球迷擊掌、簽名。他還秀了一段用 3 顆球的拋接，最後把球扔進看臺，然後進場熱身。

他今晚來這裡，是為了在對陣西雅圖水手隊（Seattle Mariners）的比賽中擔任開球嘉賓。

這是一個已有百年歷史的

文班在紐約洋基對陣西雅圖水手隊的比賽中擔任開球嘉賓。這是一個已有百年歷史的傳統，許多美國總統都參與過，包括：隆納・雷根（1988 年）、比爾・柯林頓（1993 年）和巴拉克・歐巴馬（2009 年）。

> **「在地鐵裡，人們很酷，很友善，有時還有點瘋狂。但是感受得到這裡對運動員的熱情，這種文化真的很棒。」**
>
> ——維克多‧文班亞馬

傳統，許多美國總統都曾參與過，包括：隆納‧雷根（Ronald Reagan）、比爾‧柯林頓（Bill Clinton）和巴拉克‧歐巴馬都參加過。可以說，文班亞馬今天的狀態完全是「總統級別」。

在效力紐約自由人隊（New York Liberty）的法國國際球員瑪琳‧約翰內斯（Marine Johannès）的注視下，他盡力完成了開球，雖然不算完美。儀式結束後，文班亞馬留在場上觀看比賽，當晚還在 Instagram 上發布了一張自己手握棒球的照片（見第 49 頁）。在他的手中，這顆棒球看起來幾乎像乒乓球一樣大。瞬間引起全球熱議。

「在地鐵裡，人們很酷，很友善，有時還有點瘋狂。」隔天他回憶道，「但是感受得到這裡對運動員的熱情，這種文化真的很棒。好吧，至於我的開球，投手丘比我練習的地方遠了一些，所以我投得太遠，精準度也差了一點。」未來有機會再來一次嗎？「我想做任何從來沒有人做過的事情。麥可‧喬丹沒能進入美國職棒大聯盟（他曾短暫嘗試過棒球）？嗯……為什麼我不可以？」人們聽到他在球場的草坪上對其中一位經紀人開玩笑的說。

夜潛者和收藏卡片家

在這一星期的繁忙行程中，文班亞馬參加了不少活動，有在 JJ 瑞迪克（JJ Redick）著名的播客（Podcast）「老頭和三人組」（*The Old Man and the Three*）中露面、接受 ABC《早安美國》（*Good*

Morning America）節目的邀請、參加在哈林區（Harlem）一所學校翻新儀式的慈善活動、在著名的洛克公園（Rucker Park）街頭籃球場投籃、與球員協會（NBPA）會面，還有在「NBA 體驗」活動中與 NBA 總裁蕭華會面，這次體驗也有幾位粉絲一同參與，報名費用是—— 1,000 美元。

此外，選秀日的一些 VIP 票在官方網站上甚至賣到了接近 2,500 美元。NBA 在活動後表示，2023 年的選秀是歷史上收視率最高的一次——共有 490 萬名觀眾，當宣布選秀狀元結果時，收視人數則來到了 610 萬的高峰。

這些行程讓他累積不少的睡眠債。而在選秀之夜的前一晚，這筆債又變得更加沉重，但不是因為壓力。凌晨一點多，在昏暗的時代廣場威斯汀酒店中，維克多·文班亞馬的 4209 號房門突然傳來急促的敲門聲。一個頂著金色小辮子，看起來傻乎乎的傢伙，波士頓塞爾提克隊（Boston Celtics）

的 T 恤被他的大肚子給撐得好緊，他竟然找到了這位法國球星的旅館房間，還覺得半夜來要幾個簽名是個明智的決定。

騷擾者很快就被趕走了，但文班亞馬嚇壞了，決定收拾行李並更換樓層。「這真是太瘋狂了。」他的經紀人傑瑞米·梅賈納憤怒的說，「這次事件更彰顯了文班到這裡以來所引發的狂熱，簡直超乎想像。來這裡有很多正面的成果，但也有一些負面的影響。儘管我們與酒店、NBA 和聖安東尼奧已安排了非常嚴密的安全措施，這個人居然還能得逞。我們今天所經歷的，真的是前所未見，就像一位搖滾巨星一樣。」

但他沒機會賴床，也沒時間喘口氣。決定性的時刻越來越近，還有一個地方非去不可：時代廣場。「在曼哈頓想獨自閒逛可不容易，說不定得趁晚上溜出去才去得成。」文班半開玩笑的說。

於是，6 月 22 日星期四中午左右，運動用品零售商 Fanatics 精

「這條項鍊出現在我的夢中。我告訴經紀人後，他就找了珠寶設計師來幫忙製作。」

—— 維克多‧文班亞馬

心策劃了一次亮相活動，這是一家專門從事球員卡和體育商品的公司，他們與這名球員簽署了合約，為了這次活動，還特地在紐約市中心最熱鬧、燈火通明的地段，預訂了兩個巨型螢幕。文班的身影就這樣突然出現在 LED 螢幕上，他同時從一輛車窗不透光的廂型車中走出來，欣賞這一刻的景象，並在一個被妥善規畫且安全的區域內拍家庭合照。

賢者之石和系外行星

是時候穿上正式服裝了。文班亞馬在迎接 2023 年 NBA 新秀紅毯上說道：「我只閉眼休息了 15 分鐘，但我不覺得累。」場景宛如坎城影展（Festival de Cannes）一般。這位法國球員選了一套剪裁像和服的服裝，深沉的綠色是他的訓練中心——楠泰爾的顏色。與閃亮的史庫特‧亨德森（Scoot Henderson）形成鮮明對比，這名選手是與他競爭選秀狀元的對手。

「這是我最喜歡的顏色。」他解釋道：「有點像系外行星、外星人、太空。很符合我的風格。」就像這位球員先前提到的那個驚喜，他戴著一條鑲著菱形吊墜的項鍊，裡面封著一塊五彩斑斕的石頭（見下頁）。「這是鉍。」這位年輕球員對水晶療法、水晶能量和半寶石（pierres semi-précieuses）非常感興趣。「它有點幅射性，但只要我不碰它就沒事（笑）。這條項鍊出現在我的夢中。我告訴經紀人後，他就找了珠寶設計師來幫忙製作。」

文班亞馬的服裝，主要是向

一位法國裁縫師查姆斯（Chams）訂製，鞋子則是由位於法國利摩日（Limoges）的鞋履巨擘 J.M. Weston 特別手工製作，鞋碼 57 號。「對他們來說，製作這種尺寸的鞋子，是一個真正考驗技術的挑戰。」梅賈納強調。至於西裝則是由路易·威登（Louis Vuitton）的男裝創意總監——菲董（Pharrell Williams）設計。現在就只剩下最後一關，那就是小心翼翼的走向選秀舞臺上時，不要摔倒或滑倒。

儀式結束後，來參加這次盛會的家人和親朋好友們，包括體能教練吉約姆·阿爾基耶和楠泰爾教練弗雷德里克·多納迪厄，都一同參加了在蘇活區 Ladurée 所舉辦的聚會慶祝。前紐約尼克隊（New York Knicks）球員埃萬·富尼耶也會參與。同場的還有：比拉爾·庫利貝瑞——第 7 順位，被印第安納選中、後來交易到華盛頓；雷安·魯伯特——第 43 順位，被波特蘭選中，以及他們的隨行人員，這些人也都隸屬於 ComSport 經紀公司。

此外，第 4 位法國人，西迪·西索科（Sidy Cissoko），也跟文班一樣被聖安東尼奧選中，排名第 44 順位。

「他真的是累壞了。」一位親近文班的人說道。6 月 23 日星期五，聖安東尼奧馬刺隊安排了兩架私人飛機，把相關團隊一起送往德州。對文班亞馬來說，新世界的太陽已經升起。

自從馬刺隊確定選擇文班亞馬以來，周邊商品的銷售額增長了 **3,000%**

德州全面陷入文班狂熱

**經過了紐約瘋狂的 4 日遊之後，文班亞馬
在聖安東尼奧安頓下來，並受到大眾的歡迎。**

聖安東尼奧——烈日當空，停機坪的熱度足以融化你的橡膠拖鞋。但這並沒有阻止數百名馬刺隊的球迷聚集在聖安東尼奧私人機場的周邊等待著。

文班亞馬、他的親友以及為了參加選秀而待在紐約的馬刺隊代表團所搭乘飛往德州的兩架飛機，延誤了幾個小時。

即便如此，球隊的吉祥物，土狼，依然賣力的敲鑼打鼓激勵現場的民眾。其實，大家早就嗨翻天了。裝飾著馬刺隊顏色的皮卡車展示著球隊的輝煌成績，發動機聲此起彼伏。人們揮舞著各種標語：「歡迎文班亞馬」、「外星人真的存在」，甚至有「我女兒單身。和她結婚吧！」喊著「文班！」的歡呼聲從未停止，準備迎接他們新上任的超級英雄。雖

然這比不上是 NBA 冠軍的慶祝巡遊，但絕對是一個精彩的序幕。

飛機降落時，當地消防隊用水炮為它進行隆重的「水門禮」（Water Salute），這是專為歷史性的一刻和貴賓所保留的禮遇。

事實上，自從 5 月 16 日選秀抽籤確定馬刺隊獲得狀元籤以來，「文班狂熱」已席捲聖安東尼奧超過 1 個月，這意味著繼 1987 年的大衛·羅賓森和 1997 年的提姆·鄧肯之後，他們有機會迎來第 3 位傳奇球員。自 2014 年（當時有東尼·帕克和伯利斯·迪奧聯手）奪冠之後，這支具有濃厚法國特色的球隊表現一直不如以往，但自從選秀結果公布後，整個城市都陷入一片狂熱。在 35 號州際公路上，你絕對不會錯過那塊廣告牌，上面寫著：「維克多·文班亞馬，你現在正式成為德州的一員了！」

城市的牆壁上畫著各種含有多元文化的壁畫，有的畫得很好，有的則一般般。甚至還有一支墨西哥街頭樂隊為他譜寫了一首頌歌。

「過去的 24 小時令人情緒激動且疲憊不堪。我沒想到剛到這裡就會有這麼多事發生，但我已經感覺像在家一樣了。」

—— 維克多·文班亞馬

商家們很快嗅到了商機，推出各種商品：運動衫、T 恤、啤酒，甚至還有不太美味的「文班漢堡」，裡頭夾了一片品質不佳的鴨肝。還有印有文班肖像的蠟燭，也賣得相當火爆。

馬西・安吉亞諾（Marcie Anguiano），這個 Mission Crafts Chandlery 蠟燭店的創辦人，在阿森納高級區（Arsenal）製作手工蠟燭，毫不猶豫的選用救世主的設計來代表文班。「這代表了隧道盡頭的光明，他是一位可以改變我們球隊命運的天才。」她向《隊報》的馬克西姆・奧班（Maxime Aubin）解釋道。而這款「文班蠟燭」每個售價為 23 歐元（按：約新臺幣八百多元）。

抵達的第 2 天，6 月 24 日星期六，文班亞馬在 AT&T 中心舉行了第一次記者會，前一天人們才為了在大螢幕上觀看選秀結果，擠滿這座運動中心。文班露出驚訝的微笑，接著俯身向前看，臺上有一座用樂高積木製作、高 120 公分的艾菲爾鐵塔（Tour Eiffel），就放在這支德州球隊的 5 個冠軍旗幟和東尼的退役球衣下方。這是送給兩位法國新秀——他和西迪・西索科——的歡迎禮物，這禮物也呼應了文班對積木的喜好。

燈光暗下，大螢幕開始播放兩位新秀的精彩集錦，還有他們父母和親朋好友的祝福影片。前排座位上坐滿了受邀前來的六十幾位記者和二十多臺攝影機。這支德州球隊這次真的是卯足了勁。西索科和文班亞馬兩位自 9 歲起便相識，並曾在 2014 年和 2015 年的布爾堡（Bourbourg）U11 世界盃中交手，看到這樣的場面，也不禁睜大了眼睛。

「過去的 24 小時令人情緒激動且疲憊不堪。我沒想到剛到這裡就會有這麼多事發生，但我已經感覺像在家一樣了。」文班特別提到，他剛抵達時就與格雷格・波波維奇、肖恩・艾略特（Sean Elliott）、提姆・鄧肯、大衛・羅賓森、馬努・吉諾比利（Manu Ginobili）等人共進晚餐。

「這是我人生中最受益匪淺的夜晚之一。在那 2 小時內，我所學到的 NBA 知識，比我花一輩子學到的還要多。看到這些傳奇人物還住在這個城市，並與球隊保持

> 「我們真是得到了籃球之神的眷顧。
> 球隊將重振旗鼓，迎接期待已久的勝利。
> 大家齊聚在此，為了慶祝未來的成就。」

—— 布萊恩・萊特（BRIAN WRIGHT），聖安東尼奧馬刺隊總經理

良好且緊密的關係，很令人安心。

「提姆・鄧肯告訴我，當年他來的時候也是這樣的情況，另外還有像大衛・羅賓森和肖恩・艾略特這種球隊和NBA的傳奇人物為我指路，真的是一種特權。我知道他們不會讓我犯兩次同樣的錯誤。對比那些去到其他地方的新秀，這是我很大的優勢。」

在這座自從

2019年以後就沒進過季後賽的球場裡，重新燃起了希望。場邊堆滿了印有1號球衣的T恤，有些T恤上面還用西班牙語寫著「El Wemby」（聖安東尼奧靠近墨西哥邊境，城裡的球迷大都說西班牙語）。據馬刺隊的一名商業部門員工透露，與去年同期相比，周邊商品的銷售額增長了3,000%。

為了能給文

班更好的支援，他的經紀人恩迪亞耶和梅賈納決定將他們位於達拉斯（Dallas）的美國辦公室遷移到聖安東尼奧。

在正式亮相的幾個小時前，兩位來自法蘭西島的球員在河濱步道（Riverwalk）上首次盛大登場，這是一條有著餐廳和商店的步行街，是當地著名的旅遊景點。隨後，他們穿著馬刺球衣進行了一些拍攝行程。一些幸運的觀眾——合作夥伴、購買年票的民眾——已經聚集在河邊的圓形劇場裡。伴隨著小提琴、豎琴和小號的演奏，在「海軍上將」大衛‧羅賓森的注視下，兩位新加盟馬刺隊的球員在熱烈的掌聲中入場。在球隊老闆彼得‧霍特（Peter J. Holt）、執行長 R.C. 布福德（R.C. Buford）和總經理布萊恩‧萊特的致辭後，他們進入了場館。「這一路走來並不容易。」萊特說，「我們真是得到了籃球之神的眷顧。球隊將重振旗鼓，迎接期待已久的勝利。大家齊聚在此，為了慶祝未來的成就。」

接下來，文班前往在波特蘭的 Nike 總部。在拉斯維加斯（Las Vegas）夏季聯賽期間，他再次讓整個球場爆滿（兩場比賽分別得了 9 分和 27 分），同時也親身體驗到他日益增長的知名度。其中最轟動的事件之一，就是歌手小甜甜布蘭妮（Britney Spears）在內華達州（Nevada）時，試著想接近他。由於她是從背後接近，文班的保鏢也沒有在第一時間認出她，導致她輕拍他的肩膀時便被粗暴的推開。

在經歷了這場媒體和情緒的風暴後，這名球員終於大大的鬆了一口氣。「過去的這 1 個月裡，籃球占不到我一天行程的一半。老實說，我真的有點無法忍受。這是我人生中的特別時刻，能夠經歷這一切真的非常不可思議，但同時，我也很高興這一切終於結束了。我現在只想去健身房，訓練、舉重、打籃球。因為這才是我的生活。」對文班亞馬來說，在這個瘋狂的 2023 年夏天，他的旅程才剛剛開始。

CHAPTER 5

小鎮的新警長

維克多·文班亞馬在德州如魚得水·儘管第一個賽季有點艱辛，
這位法國閃亮新星的發展軌跡依然穩定，絲毫未受影響。

頭戴黑色牛仔帽，眼神深邃，手拿早餐捲餅，靠在一幅幅描繪著他的壁畫旁，文班亞馬看起來就像在自己家裡一樣自在。幾個月下來，這位來自勒謝奈的年輕球星已經完全融入了聖安東尼奧，接受了這座城市對他的崇拜，也認真面對這個美國第七大城市民眾對他未來的期望。「他們把我當成家人，我真的非常感激。」他總結道。

在市中心附近租了一段時間房子之後，文班搬到了距離市區北部約 20 公里的一處更適合他的住宅，那裡曾是馬刺隊傳奇球星大衛·羅賓森的住所。這麼做是

為了更靠近被認為是全世界最先進訓練中心之一的 Victory Capital Performance Center。「連巴黎聖日耳曼（PSG，法國足球俱樂部）都沒有這樣的設施。」有人透露說。這裡將成為培育他的基地。

文班亞馬在城裡也有一些喜歡的去處，比如位於珍珠（Pearl）高檔區的法國小酒館 Mon Chou Chou，一位那裡的服務生向《隊報》的馬克西姆·奧班透露，文班經常在那裡點烤乳酪和拜雍火腿（jambon de Bayonne）三明治，或者烤牛骨髓。

在賽季開始前，文班亞馬像個遊客一樣四處遊玩，參觀了不可錯

過的阿拉莫堡（Fort Alamo），也去了好幾間酒吧，近距離與球迷互動。2024年1月底，他更與市長羅恩·尼倫伯格（Ron Nirenberg）會面，以慶祝當地的國際學校啟動了法語雙語課程。「馬刺隊是這座城市文化的重要一部分。」尼倫伯格回憶道，「文班帶來了新的希望，激勵了其他人。因為他，這座城市重新找回了團結。」

那麼在球場上呢？經歷了3勝2敗的夢幻開局後，這支正在全面重建的球隊很快回到了現實。不過，這並沒有阻止擁有5次NBA總冠軍的馬刺隊迅速進步，而他們也在這位新核心球員的天才光環中，看到了重返榮耀的新曙光。

初次上場

有如NBA總決賽的氛圍，文班亞馬的首次亮相令人印象深刻。

「我不會害怕，但心裡還是有點小緊張。」

——維克多・文班亞馬

10月2日，他的第一場記者會吸引了上千家媒體採訪申請。對陣達拉斯獨行俠（Dallas Mavericks）和盧卡・東契奇（Luka Doncic）的比賽也同樣備受關注。在熱身賽中，他展現了幾個令人驚豔的瞬間——其中一個扣籃，他伸展的手，宛如喬丹在《怪物奇兵》（*Space Jam*）中最終場景的扣籃。這位被詹皇稱之為「外星人」的新星，吸引了無數的關注。

「我不會害怕，但心裡還是有點小緊張。」文班輕聲說道。在被18,947名球迷塞滿的弗羅斯特銀行中心球場（Frost Bank Center）中，迎來了他的首秀。儘管因犯規受限，球隊以119比126輸掉比賽，文班還是交出了一份令人滿意的成績單（15分、9投6中，外加5個籃板），這讓人不禁聯想起26年前的提姆・鄧肯的首秀成績（15分、10個籃板）。2天後，馬刺在另一場德州內戰中，以126比122在加時賽中擊敗了休士頓火箭（Houston Rockets），文班亞馬貢獻了21分和12個籃板球，幫助球隊贏得了賽季首勝。

首場大爆發

在NBA生涯的前5場比賽中單場得分就超過35分？除了俠客・歐尼爾和喬丹——他們是在第3場比賽時做到外，就只有文班亞馬能這麼快做到，他用了5場比賽達到了這個成績：38分（26投15中，外加10個籃板）。這是在客場對陣西區頂尖球隊——擁有凱文・杜蘭特（Kevin Durant）、德文・布克（Devin Booker）和布拉德利・比爾（Bradley Beal）的鳳凰城太陽隊的比賽中完成的，文班亞馬

在關鍵時刻表現得非常出色。

「這讓我更想挑戰更高的目標，打破所有紀錄。」文班亞馬說。這是馬刺隊本賽季中難得的時刻，也是他們唯一一次戰績為正（3 勝 2 負），因為他們在亞利桑那（Arizona）連勝了 2 場。儘管馬刺隊在 2023 年賽季結束時排名聯盟墊底（西區第 15 名，22 勝），但這一刻仍讓球迷對球隊的蛻變

文班和切特‧霍姆格倫（Chet Holmgren，背號 7 號）早在 2021 年 U19 世界錦標賽決賽中就曾交手，如今他們不僅在爭奪年度最佳新秀的頭銜，也被視為 NBA 的未來代表。

在這場對峙的比賽中，文班以強勁的防守封鎖了奧克拉荷馬雷霆（Oklahoma City Thunder）的內線球員，展現出他的統治力。在 2 月 13 日對陣多倫多暴龍隊（Toronto Raptors）時，成為自 1990 年，大衛‧羅賓森後，首位在新秀賽季就以 10 次阻攻達成了阻攻大三元成績的新人。

和打進季後賽充滿期待。

初次失利

然而，經歷了一段「蜜月期」後，馬刺隊突然陷入了劇烈的下坡。原本有機會連勝 3 場，但在對陣多倫多的比賽中卻遺憾落敗（116 比 123，加時賽）。這場失利成了 18 連敗的開端，創下了隊史最長的連敗紀錄。突然之間，大家開始意識到這支球隊的年輕（平均年齡 23.5 歲，全聯盟最年輕），以及缺乏經驗的問題。

在接下來的比賽中，可以看到他們奇怪的實驗一個個失敗，比如傑瑞米·索汗（Jeremy Sochan）這樣的大前鋒被安排在控球後衛的位置上，或者查克·柯林斯（Zach Collins）搭配文班亞馬這樣的內線組合——這讓文班亞馬被擠出了籃下這個他最擅長的區域，也讓他必須更常在三分線外出手。「我經歷最多的失敗？可能是我踢足球的時候吧！當時我們的隊伍不怎麼

強。」文班開玩笑的對當地媒體說。而文班在這過程中也學會了如何面對失敗，並展現了他的耐心和適應能力。馬刺隊終於在 12 月 16 日結束了連敗，這是文班亞馬和詹皇首次交手，聖安東尼奧馬刺以 129 比 115 擊敗洛杉磯湖人（Los Angeles Lakers），德文·瓦賽爾（Devin Vassell）拿下 36 分，而文班則貢獻了 13 分、15 個籃板和 2 個阻攻。

第一個蛻變

一個在達拉斯發生的小意外，間接改變了文班亞馬這個賽季的走向。在一次賽前熱身時，文班不小心被球僮絆倒受傷，不得不被限制上場時間。最初他每場只能上場 25 分鐘，後來放寬到 30 分鐘，並且禁止連續兩天上場。在這段時期，他被重新安排到中鋒的位置，並取得了巨大的進步。

在接下來的比賽中，他的成績大幅提升，**在 10 場比賽中，幾**

乎達到平均每1分鐘就得1分的驚人表現——根據《The Athletic》統計，他在 242 分鐘內拿下了 232 分。兩分球的命中率達到 62.5%，而且防守威脅也顯著增加（以平均上場 36 分鐘的時間計算，每場比賽約有 5.2 個阻攻）。整體動作也行雲流水，令人賞心悅目。在與從替補變成首發的控球後衛崔·瓊斯（Tre Jones）完美合作下，文班亞馬經常在空中接力飛身暴扣，甚至在快攻中背後傳球再接球扣籃。

在 12 月 28 日與波特蘭拓荒者（Portland Trail Blazers）的比賽中，他僅用了 24 分鐘便貢獻了 30 分（14 投 9 中）、6 個籃板、6 次助攻和 7 次阻攻，終場 118 比 105 獲勝。一個月後，在再度對陣拓荒者的比賽中，他跳得很高，高到能給對手安芬尼·西蒙斯（Anfernee Simon）一個完美的火鍋，將球直接拍下。「他真是大自然的奇蹟。」傑瑞米·索汗熱情的描述自己的隊友。同時，文班亞馬也不斷提高傳球的精確度，而且特別喜歡盲傳助攻。

1 月 11 日對陣底特律活塞（Detroit Pistons）的比賽中，他僅用了 21 分鐘的上場時間，就完成了職業生涯的第一次大三元（16 分、12 個籃板、10 次助攻），且全場沒有任何失誤。自 NBA 1950 年代以來的紀錄，僅有「威少」威斯布魯克（Russell Westbrook）曾在更短的時間內達成這一成就（20 分鐘）。

「我不是馬刺的球迷，但我會為了這個高個子來看他們比賽。」凱文·賈奈特（Kevin Garnett）在 2024 年 1 月上他前隊友保羅·皮爾斯（Paul Pierce）的播客節目時提到，「他每晚都交出完美的表演，當你的表現達到連一樣在 NBA 的球員也沒見過的程度時，就是意味著你正在留下自己的印記。」

1 月 26 日，在與明尼蘇達灰狼（Minnesota Timberwolves）的比賽中，文班亞馬對上了他未來在法國國家隊的隊友魯迪·戈貝爾，並且以 113 比 112 勝出，這

場比賽是馬刺隊在此賽季中一場重要的比賽，文班對這位曾待在紹萊（Cholet）的中鋒，使出了「Shammgod」──一種從德揚·博迪羅加（Dejan Bodiroga）開始逐漸變得廣為人知的換手變向運球法。

「比賽的品質明顯提升，這不僅僅體現在戰績上，也反映在進階統計的數據裡。」文班在評論馬刺於 1 月 14 場比賽中的 5 場勝績時說道：「就我而言，我們成功找到了我的優勢和需要改進的地方，讓我的表現更為精簡流暢。」

第一場全明星賽？

儘管馬刺隊截至 2 月 7 日的戰績為 10 勝 40 敗，在西區聯盟墊底，但維克多·文班亞馬卻在團隊表現不佳的情況下，仍有如此驚人的數據，讓他很可能在第一個賽季就入選全明星賽。

「在有限的上場時間內，而且還是如此困難的環境下，能打出這樣的表現，非常不可思議。」法國國家隊成員尼古拉·巴頓指出：「如果他上場時間達到 36 分鐘，他的數據肯定會達到全明星等級……」根據 Basketball Reference 網站的數據，他的場均得分為 26 分、13 個籃板和 4 次阻攻。這些數據甚至比馬刺隊前選秀狀元大衛·羅賓森和提姆·鄧肯第一年的成績都還要出色，而這兩位球員當年都獲得了最佳新秀的殊榮，並入選了全明星賽。

文班亞馬被認為是目前最佳新秀的熱門人選，呼聲超過了奧克拉荷馬城雷霆隊的切特·霍姆格倫，且有望首次入選全明星賽。然而，與當時的馬刺隊不同的是，馬刺當年取得了 56 場勝利。「我不擔心他。」法國隊隊長笑著說，「如果他今年沒進全明星賽，這也會是他職業生涯中唯一一次錯過而已！」

2023 年上半季數據

在上半季賽中，文班亞馬場均數據為 **20.4 分**（兩分命中率 **46.2%**、三分命中率 **30.1%**）、**10.3** 個籃板、**3.2** 次助攻、**3.1** 次阻攻、**3.4** 次失誤，平均每場上場 **29** 分鐘。

10 億夢想

2023 年，因為 NBA 選秀以及在全球矚目下，於北美聯盟的首次亮相，為文班在社交媒體上帶來了 13 億的觀看次數或互動，僅次於偶像史蒂芬‧柯瑞（Stephen Curry，16 億）和勒布朗‧詹姆斯（28 億），而詹皇也超越了賈霸（Kareem Abdul-Jabbar）的紀錄，成為 NBA 歷史總得分王。根據專家的預測，文班很有可能成為首位僅靠著職業運動，收入就能超過 10 億美元的 NBA 球員。他的第一份合約為期 4 年，總額為 5,500 萬美元——這是 2023 年選秀狀元可以獲得的最高薪資。

#3.1

文班在賽季中期的場均阻攻數為 3.1。如果他能保持這個節奏，他將成為馬刺隊歷史上第 3 位以新秀身分在阻攻的數據上領跑聯盟的球員，前兩位當然是大衛‧羅賓森和提姆‧鄧肯。

#38

在他的第 5 場 NBA 比賽中，文班在對陣鳳凰城太陽（132 比 121）時砍下 38 分，這已經是法國球員在 NBA 歷史上的第四高分——前三名為東尼‧帕克 2008 年的 55 分、埃萬‧富尼耶 2022 年的 41 分、羅德里格‧布博瓦（Rodrigue Beaubois）2010 年的 40 分。在球衣銷量榜上他也位居第 4，僅次於史蒂芬‧柯瑞、傑森‧塔圖姆和勒布朗‧詹姆斯，超越了揚尼斯‧安戴托昆波（Giannis Antetokounmpo）和盧卡‧東契奇。

"具有提姆·鄧肯的氣質"

格雷格·波波維奇，這位已經帶領馬刺隊
度過了第 28 個賽季並 5 度獲得冠軍的總教練，
談到了文班的卓越天賦，
以及他為球隊未來帶來的無限可能。

「能夠培養像維克多·文班亞馬這樣的年輕球員，並確保他們能有個好的開始，是我工作中最有成就感的部分。大家都知道他很有天賦，但成功不是僅靠天賦就能達成的。麥可·喬登直到他職涯的第 7 年才拿到第 1 個冠軍。尼古拉·約基奇剛贏得他的第 1 枚冠軍戒指，而這花了他 8 年的時間。我們當然希望維克多可以更快成功，但不能偷吃步。讓人欣慰和興奮的是，他有著與提姆·鄧肯相似的性格和氣質，很願意接受指導，不像很多年輕球員自命不凡。他對自己的能力很有自信，但同時也願意學習和聽取建議，能夠理性的看待正反兩面的意見。」

他什麼都做

「他有時會打中鋒，許多人也認為他應該打中鋒，因為他是場上最高的球員，但現在的比賽已經沒有傳統的控衛或中鋒之分了，

每個位置都可以靈活變化。所以你會看到維克多在側翼單打、低位要球或參與擋拆戰術（按：Pick and Roll，透過掩護及跑動來製造出手空檔）。在這些戰術中他有時會控球，或者搶到籃板後再將球推進。他什麼都做，正符合我對他的期望。而他不僅有這個意願，也有能力做到。

「我們花了二、三十場比賽來了解他最適合的位置，以及需要修正的地方。他必須適應比賽的激烈程度，因為他背上就像有個靶子，每個人都想對他施加壓力。他以前有些過度運球，因為他控球技術很好，但這反而導致他的失誤變多……不過這也是每個人都會犯的錯誤。他很快的就意識到，面對對手的體能和速度，他需要減少運球。我們正在試著設計一些戰術，讓他更接近籃下。他的職業生涯才剛起步，我們也努力精進他的三分球、平衡感和穩定度，而這一切都需要時間。」

一起成長共同進步

「我們本可直接引進一位老將，有即戰力就能更快的取得更多勝利。但我們沒有這麼做，原因有兩個。首先，我們想『留住彈藥』（英語說法是『keep your powder dry』），也就是保持財務上的靈活性，等到隊伍的基礎打好後，再引進一些自由球員會更合適。但最重要的是，這樣做並不會立刻給我們帶來總冠軍，反而會浪費了培養其他年輕球員的時間，例如德文・瓦賽爾。我希望這個核心團隊能一起成長，讓維克多與他們共同進步。」

CHAPTER 6

亞當·蕭華：
籃球的黃金時代

NBA 總裁亞當·蕭華認為，文班亞馬的崛起為法國，甚至整個籃球界提供了一個獨特的機會。

聖派翠克大教堂（St Patrick's Cathedral）那兩座新哥德式尖塔，矗立在曼哈頓中心的第五大道上，距離中央公園、洛克菲勒中心和 NBA 商店僅幾步之遙。從亞當·蕭華（61 歲）辦公室旁的落地窗望去，這裡的全景一覽無遺。

奧林匹克大廈的 18 樓，也是 NBA 總部所在的四層樓之一，裡面擺滿了傳奇的紀念物，比如 1947 年費城勇士隊（Philadelphia Warriors）的首枚總冠軍戒指，或者是 1962 年 3 月 2 日威爾特·張伯倫在那場百分紀錄比賽中所穿的 Converse 球鞋。

自 2014 年上任以來，亞當·蕭華一直是 NBA 的掌舵人，最近他向《隊報》回顧了文班亞馬的到來，為法國和他的聯盟所帶來的驚喜和不可思議。「我們正在經歷籃球的黃金時代。」他總結道。

「如果他能達到大家的期望，他不僅能成為籃球界的巨星，還有可能成為全球最知名的人物之一。」

文班亞馬表示希望能夠「建立法國王朝」。
您對此有何感想？

　　我很欣賞他把目標定得這麼高，不僅是對自己，還有對法國。我告訴他，他肩負著一個非常特殊的機遇，這是過去很少有球員能擁有的。下一屆（2024）奧運將會在巴黎舉行，這給了他一個比 NBA 還要更大的舞臺（按：法國最終敗給美國屈居銀牌）。這對法國籃球來說，可能是千載難逢的機會，可以展現除了東尼・帕克所留下的偉大傳奇外，還有更多的潛力。維克多的優勢不僅僅在於他的身高。他的成熟度超越了他的年齡，他看起來準備充分、自信十足，而且還有一個良好的幕後團隊在支持他。

全世界對他的熱情似乎前所未有……。

　　我見證過柯比・布萊恩、勒布朗・詹姆斯等人所引

起的熱潮。然而……這次的感覺不太一樣，現在僅需一臺簡單的智慧型手機，全世界的人隨時都能看到文班的比賽片段。這些是在賴瑞・柏德（Larry Bird）、魔術強森（Magic Johnson）、麥可・喬丹、柯比、詹姆斯那個時代無法想像的。從這個層面上來說，我們現在所經歷的確實是史無前例的。如果他能達到大家的期望，他將不僅僅是籃球界的巨星，還有可能成為全球最知名的人物之一。

這對 NBA 來說也是一個機會嗎？

是的，這對 NBA 來說，也是一個很棒的成長機會。我想謹慎行事，不想給他太大壓力。但他肯定會吸引很多人的注意。隨著非洲籃球的發展，他父親來自剛果民主共和國的背景，也能讓他在更廣泛的層面引起人們的興趣。在某種程度上，他讓我想起了姚明。他具備世界公民的所有特質，就像姚明一樣，能把籃球生涯融入到超越體育的事物中。維克多曾與

我們分享他對水資源危機的關注。NBA 在環保問題上非常積極，而他憑藉自己的影響力，可以利用這個平臺來推動他認為重要的議題。

東尼・帕克入選名人堂、2022 年時您曾與馬克宏會面、NBA 在巴黎的比賽，以及 2024 年奧運。NBA 是否曾與某個國家的關係比現在與法國的關係更緊密？

這確實是我們最緊密的關係之一。法國有著悠久的籃球傳統。它是除了美國之外，擁有最多 NBA 球員的國家——與加拿大並列，這並非巧合，也不僅僅是因為基因，還要歸功於他們的選才和培訓系統。這些事情相輔相成，讓法國成為推廣籃球運動至全球的獨特舞臺。這對我們的國際發展來說可能是一個轉捩點，這個發展自我 1992 年進入 NBA 工作後不久就開始了。麥可・喬丹在巴塞隆納奧運中崛起。維克多告訴我，他的父母就是在那次奧運上相識的。如果你相信某些數字是有魔

力的，那麼看看92這個數字是否
會以某種方式重新出現在他的職
業生涯中，這會是件很有趣的事。
我們的聯盟變得越來越國際化，
有將近三分之一的球員來自
海外。

我們在非洲推出了
BAL（非洲籃球聯賽），
並正在討論如何在歐洲和
拉丁美洲擴大業務。也就

是說，籃球正處於黃金時代。2023
年可能是另一個重要的轉折點。

#956

自 2004 年 ComSport 經紀公司簽下他們的第一位球員 DJ·姆本加（DJ Mbenga）以來，估計累積的 NBA 球員合約金額達到 9 億 5,600 萬美元，其中包括維克多·文班亞馬、比拉爾·庫利貝瑞和雷安·魯伯特。

CHAPTER 7
雙重經紀人

在 1990 年代末，從幾乎一無所有開始，布納・恩迪亞耶和傑瑞米・梅賈納，這對 ComSport 經紀公司的領軍人物，將維克多・文班亞馬推上顛峰，並談成近 10 億美元的 NBA 合約，成功邁上一個新的里程碑。

從法國的大伯恩區（Grande Borne）到美國紐約，現在只差一步之遙。當球員經紀人布納・恩迪亞耶（2023 年夏天，57 歲）每次提到 6 月 22 日的那一刻，總會想起自己在埃松省（Essonne）格里尼（Grigny）貧民窟住宅大樓所度過的青少年時期。

現在，他與一直以來的老搭檔傑瑞米・梅賈納（51 歲）一起，將文班亞馬送上了 NBA 選秀的狀元席，在紐約插上了他們的旗幟。

這段旅程始於 1999 年，當時這對搭檔在與 Slam Nation（法國著名的灌籃表演團體）周遊世界後，公司曾多次面臨破產的邊緣。對於外國人、非洲經紀人來說，能將文班亞馬送上 NBA 選秀的狀元席，是一項前所未有的成就，他們是美國唯一一家完全獨立的非本土經紀公司，從一開始不被市場接受，到如今成為不可或缺的存在。

對自己的 NBA 經歷有何感想？

布納・恩迪亞耶：「這是我在法國和非洲這兩個對我來說最

重要的體育領域中，30 年耕耘的成果。我們一路走來，經歷過失敗，也有球員離開過我們，但那些選擇相信我們的人，幫助我們成為最好的經紀人，來陪伴、支持維克多，並贏得他和他父母的信任。我們用自己的方式，面對了美國大型經紀公司給予的所有挑戰。

「我很自豪能成為一個榜樣——我不怕使用這個詞——就像馬賽‧尤基利（Masai Ujiri）帶領著喬爾‧恩比德（Joel Embiid）、帕斯卡‧席亞康（Pascal Siakam）……等球員，成為第一位帶領球員贏得 NBA 冠軍的非洲裔經紀人。我也很自豪能夠承載這個可以被數百萬人複製的信念：只要努力工作，就可以實現你最偉大的夢想。」

傑瑞米‧梅賈納：「2008 年，有一位球員（指的是羅尼‧圖里亞夫，Ronny Turiaf）在即將簽下一份高額合約的兩個月前離開了我們，當時我們差點失去一切。那段期間我們投入巨大的精力和資金，結果陷入了財務危機。

「如今的經歷讓我明白，如果你沒有強大的心理素質，就很難在這個殘酷的環境中生存下去。尼古拉‧巴頓、伊恩‧馬辛米（Ian Mahinmi）選擇相信我們，接著是埃萬‧富尼耶和魯迪‧戈貝爾也加入了。我們逐漸向那些曾經質疑我們的人證明，我們不僅能簽下球員，也可以簽下高額合約、最大合約，甚至樂透籤等——他們現在會怎麼說呢？」（笑）

選秀時您有什麼感受？

布納‧恩迪亞耶：「第一個想到的，是當 18 歲的比拉爾‧庫利貝瑞的名字被叫到時，他臉上燦爛的笑容，那一刻真是太美妙了。還有雷安‧魯伯特（第 43 順位）坐立難安的焦急等待，以及文班亞馬感性的時刻，他很少這樣崩潰。我開玩笑的對他說：『看到你這樣，我終於感覺你是個有血有肉的人了！』（笑）。

「作為首輪的受邀人選——進入選秀小綠屋時，你很難有時間

去回味這一路的點點滴滴。但我意識到我們完成了一件偉大的事情，這可能是我們此生不會再次經歷的。除了選秀，我們在整個賽季裡所做的一切，無論是和大都會隊合作，還是讓貝爾西體育館（Bercy）和羅蘭加洛斯球場爆滿……這些都對法國籃球產生了巨大的影響，就像摩納哥和艾斯維爾球隊這些領頭羊隊伍一樣。

「同時我們還透過維克多和NBA的影響力，觸及了數億人，對全球籃球也產生了深遠影響。人們對我們的尊重翻了好幾倍。甚至連NBA都不再談論『2023 年選秀』，而是稱它為『文班亞馬的選秀』。這同時也是 ComSport 的選秀。我現在感受到的是一種無法形容的能量，一種比以往更強烈的決心，那就是幫助他人實現夢想，這比金錢更重要。這已經成為我內心的一種執念。」

傑瑞米・梅賈納：「那是一種無比的驕傲，真的是一個非凡的成就。對我個人來說，陪伴他走到這一步，就像是觸及聖杯的感覺，就像一名球員贏得 NBA 冠軍。對於一個經紀人來說，還有什麼比這更有成就感的呢？

「我們第一次與文班的家人接觸時，他才 13 歲。當時還沒有提到要成為他的經紀人，但我們已經看出他的特別。我們認識他媽媽很久了，特別是布納，他的孩子曾經由艾洛蒂・佛德侯教練指導。但這層關係並沒有改變任何事情，他們依然收到了來自各方的邀約，我們必須做到最好。我們有經驗和能力，不需要依賴其他代理公司或代理人就能處理一切。我們早有預感，所以儘管他的崛起和2022 ～ 2023 賽季爆發的過程，像經歷了一場風暴，但我們從未感到不堪重負。這一切反而讓我們更加振奮。」

選秀前一天，維克多·文班亞馬披著傳奇棒球選手喬·狄馬喬的外套，在紐約警察、記者和眾多路人的陪同下乘坐紐約地鐵，進行了一次難忘的旅程，前往洋基球場。

追隨文班亞馬的腳步

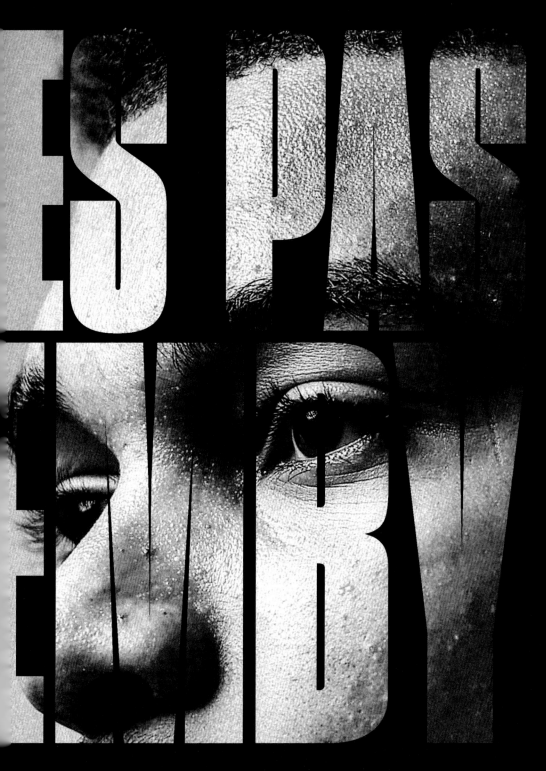

全力以赴

跑步、衝刺、跳躍訓練、受傷風險……在籃球中，尤其對於身材高大的球員來說，腳是非常重要的部分。文班和團隊對他的雙腳一直保持著細心的照護。

文班用緊繃的腳趾抓住地板，四肢著地，身體水平且完美對齊，緩慢向前移動。這是 2022 年 11 月 11 日，當立陶宛隊正在場上熱身，文班再次披上法國隊藍色球衣前（那場比賽他拿下了 20 分和 9 個籃板，幫助法國隊以 90 比 65 獲勝），進行了一種名為「熊爬」的訓練，這種練習會鍛鍊到多個肌群。這名勒謝奈球員的身高和體型，讓這個賽前的熱身成了場邊觀眾的焦點。這個訓練的核心在於啟動身體和關節，特別是鍛鍊他的腳部力量。

「所有籃球員都應該鍛鍊他們的腳，因為腳需要承受衝擊、釋放力量，訓練能使彈跳更有力。而且，每次跳躍……都是以它們落地，對吧！」文班的體能教練吉約姆‧阿爾基耶笑著說，他為此設計了許多訓練。

所以在比賽前，常會看到文

班像字母「i」一樣筆直的沿著一條直線向前，每一步都只靠腳趾的力量移動。阿爾基耶接著說：「腳是全身骨骼的基礎。它們必須能夠承受衝擊。如果腳不穩，接下來的連鎖反應會影響腳踝、腿、膝蓋、髖部，甚至脊椎。不用說也知道再來會發生什麼事。因此，這個區域必須強大、穩定且平衡。」

對高大的球員來說，這一點

▲法國國家隊隊醫傑弗里・萬吉（Geoffrey Wandji，左），以及艾斯維爾和法國國家隊體能教練曼努埃爾・拉克羅瓦（Manuel Lacroix，右）。

「在降低受傷風險
和預防疲勞性骨折方面，
我們有著非常豐富的經驗。
尤其是對於那些
腳比較長的球員，
我們知道如何幫助他們
避免這些問題。」

——布納‧恩迪亞耶，文班亞馬經紀人

尤其重要，因為一點小問題都可能導致傷病。光看中鋒們因下肢傷病而受到影響的案例，就足以說明這個問題對職涯的重要性。例如比爾‧華頓（Bill Walton）的職業生涯因此受限，而格雷格‧歐登（Greg Oden）甚至因傷提前退役。2022 年選秀榜眼，身高 216 公分

的美國球員切特‧霍姆格倫也是如此，他的體型長期被拿來與文班亞馬相比——他們曾在 2021 年 U19 世界盃決賽中交手過，但霍姆格倫在 2022 ～ 2023 賽季因腳傷缺席了整個賽季，直到一年後才在 NBA 亮相。

原因是他在 8 月的一場友誼

賽中,撕裂了中足韌帶。「高個子的球員體重較重,所以摔下來時會摔得更重。」阿爾基耶解釋道,「對於像維克多這樣身高約223公分、鞋碼54～55的高個子球員來說,受傷的風險要比身高180公分控衛高得多。」

「在降低受傷風險和預防疲勞性骨折方面,我們有著非常豐富的經驗。尤其是對於那些腳比較長的球員,我們知道如何幫助他們避免這些問題。」文班亞馬的經紀人布納‧恩迪亞耶說道,「我們在這種特性的球員身上累積了幾十年經驗和專業知識,讓我們在過去3年間,得以為文班量身打造了一套專門的訓練計畫。我們的重點是強化他的身體,用不同的方法讓他變得更安全、更加穩健。」

對於文班來說,這也是他從小開始接觸運動以來建立的一種觀念。他的父親曾是一名三級跳遠運動員,百米成績為11秒,所以從小他就被要求不能有任何動作上的失誤。「他曾是一名高水準的運動員,如果我跑步時腳有任何異常動作,他總是會糾正並給我建議。」在2021年9月和2022年2月的兩次訪談中,文班如此解釋道,「當你有像我這樣的身材和體型時,正確的跑步方式非常重要。即便我們擁有出色的運動能力、動作靈活,跑步的技巧也不會憑空出現。這並不容易掌握,我還有很多需要學習的地方,這是一個常被忽視的問題。夏天時,我們還會特別進行很多的田徑和跑步訓練。當時我才11歲,我的姊姊伊芙剛進入青訓中心。這些密集訓練的效果,直到今天依然能看得出來。」

這些訓練在大都會隊期間都持續進行著,由吉約姆‧阿爾基耶負責。這位私人教練利用帶顆粒的球、平衡板和其他配件來創造「感官輸入」,以刺激文班大腦與肌肉之間的神經連結。目的是鍛鍊腳部「內外」的肌肉,讓它們在不舒適的情況下學會應對突發情況。

例如,你會常常看到身高223公分的文班用扭曲的腳踝把自己撐

起，然後再進行幾次跳躍。「我們希望透過讓動作接近受傷邊緣，讓身體學會應對可能的傷病。」阿爾基耶解釋道，「目的是要讓身體的組織習慣在極限狀態下運作，並從中產生力量，學會如何反應，我們身體的感知能力訓練可不是躺在充氣墊上呆呆的等著！（笑）而是要了解你的身體在空間中的位置。平衡訓練能啟動肌肉，但這還不夠。像是赤腳行走就是個很好的訓練。一直有人跟我說在健身房這樣做很危險，但我認為收穫遠大於被掉下來的器材砸到的可能性。我甚至希望文班也能在家裡的草地上走一走，但他住公寓裡（笑）。做這一切的目的，就是希望能以積極的方式，在最大的活動範圍內進行最大程度的控制。」而最終的目的就是——能穩穩的「落地」。

★文班這麼說★

當你有像我這樣的身材和體型時，正確的跑步方式非常重要。即便我們擁有出色的運動能力、動作靈活，跑步的技巧也不會憑空出現。這並不容易掌握，我還有很多需要學習的地方，這是一個常被忽視的問題。

在這方面，我的父親扮演了一個很重要的角色，他曾是一名高水準的運動員，參加過三級跳遠、跳遠比賽，百米成績為 11 秒，如果我跑步時腳有任何異常動作，他總是會糾正並給我建議。我們還進行了很多次田徑訓練和跑步，特別是夏天時，當時我才 11 歲，但這些密集訓練的效果，直到今天依然能看得出來。

CHAPTER 8

一切的起點：布爾堡

北方的呼喚

在靠近格拉沃利訥（Gravelines）的布爾堡
一場非正式 U11 國際籃球聯賽中，維克多‧文班亞馬
首次引起球探的注意。當時他只有 10 歲。

布爾堡（法國北部）──迪斯可球的光芒投射在阿爾貝・丹弗斯（Albert Denvers）體育館的木頭天花板上──這座體育館以來自格拉沃利訥，前法國社會黨成員政治家的名字命名。懸掛在布爾堡這座體育館天花板上的，是法國、義大利、德國和立陶宛的國旗，隨著音響的震動輕輕飄揚。DJ 操控的音響播放著主流音樂，場上的籃球比賽進入了緊張的最後幾分鐘。這些只有 10 歲的孩子們，卻彷彿在打著一場決定人生的比賽。

歡迎來到 2023 年復活節週末舉辦的迷你（11 歲以下，U11）世界籃球賽。這項賽事在這個只有 7,100 位居民的小鎮已經舉辦了 30 年，並逐漸在國際上打響名號。最近，因為維克多・文班亞馬曾經參賽，這項賽事突然再次受到矚目。那是 2014 年到 2015 年間，當時這位天才球員才剛在楠泰爾隊嶄露頭角。而現在，大家的話題裡還是少不了他的名字。

「是的，他參加過，他當時

「因為文班，這場比賽在媒體眼中再度成為熱門話題。這股熱潮來自維克多曾參賽的那兩年。」
──迪迪耶・烏伯（Didier Hubert），布爾堡球隊主席兼比賽主辦者

就在這裡。」這句話在人群中不時響起。這些簡樸的看臺上擠滿了 240 名參賽者的家人和親朋好友，這些球員來自 24 支隊伍，皆

來自國家籃球聯盟（LNB）——
像是衛冕冠軍的楠泰爾、勒波泰
勒球隊（Le Portel）、格拉沃利
訥隊——以及歐洲的柏林信天翁
（Alba Berlin）、考納斯綠林籃球
隊（Zalgiris Kauna）等，還有其他
來自不同地方的球隊——如由立陶
宛和烏克蘭球員所組成的「旅行

隊」（Travel Team）。比賽項目不
僅有籃球比賽，還有舞蹈團表演、
灌籃大賽、三分球比賽，以及聲光
表演，場面熱鬧，完全不亞於大賽
規格。

　　「這不僅僅是一場比賽，」

主辦方表示，「這項賽事是為了紀
念當地的一名球員伯納德‧基爾斯
（Bernard Kiers）而創辦並延續至
今。1988 年，基爾斯在比賽中因
動脈瘤破裂不幸去世，當時他正效
力於當地的區域聯賽球隊。」

「我還記得他在宿舍裡，用他那長長的身體在地上扭來扭去，模仿毛毛蟲的模樣。」
——皮埃爾·莫勒納特（Pierre Molenat），文班亞馬 2015 年的隊友

「所有的孩子都知道維克多曾在這裡打過比賽，這讓他們更加充滿幹勁。」烏克蘭球員克利姆·奧塔莫納夫（Klym Artamonov）表示。他是洛恩普拉日隊（Loon-Plage，國家排名等級 N1）的後衛，也是 2023 年賽事冠軍「旅行隊」的助理教練。「因為文班，這項比賽在媒體眼中再度成為熱門話題。」布爾堡球隊主席兼比賽主辦者迪迪耶·烏伯（Didier Hubert）說道，「我們收到的報名申請多了數十隊。這股熱潮是來自於維克多曾參賽的那兩年。他是一個高個子、笑容滿面、魅力十足，而且很有運動家精神的孩子。他在比賽中運球、灌籃的畫面都讓我們印象深刻。他自己也很自豪的講述在這裡的回憶。那些喜歡 NBA 的孩子們，總會幻想有一天能站在他的位子上。」

當他們第一次看到這個笑容滿面的高個子時，很多人一開始都把他當成大哥哥，甚至以為他是楠泰爾的教練。事實上，當時的文班亞馬還在試訓階段。他在某次平凡的比賽中被米迦勒·阿拉德（Michaël Alard）發現，他剛結束第一次以勒謝奈球員的身分對上凡爾賽聯合隊的比賽——成績平平——正在尋找下一個能夠安頓下來並繼續學習的地方。

在布爾堡的經歷，肯定與他在上塞納省定居的決定有關聯。

「這是一個轉折點。」楠泰爾 92 現任主席弗雷德里克·多納迪厄也是這麼認為，當時他放棄了在歐聯賽場上擔任他的兄弟帕斯卡·多納迪厄（Pascal Donnadieu）助手的職務，轉而接管球隊的 U11 隊伍。

「即使對我這個參加過很多比賽的人來說，這也是很獨特的經驗，畢竟能夠與莫斯科中央陸軍籃球隊（CSKA Moscou）和柏林這些球隊比賽，可是真正的高水準競技，對孩子們來說也是一次非常激動人心的體驗。

「在這個年紀，已經可以看到某些孩子的天賦和特質。而那個時候文班也已經展現出他與生俱來的好勝心和打球風格。當時，我就已經讓他練習帶球過半場、胯下運球等後衛的動作，而不是只待在籃下。他確實丟了不少球（笑）。但他給整個團隊帶來了全新的活力和積極的能量，讓所有孩子都覺得很興奮。他當時就已經是個小明星了。當我們輸掉 2014 年的決賽時，所有人都很受打擊，大家都哭了。」

2015 年，楠泰爾毫無懸念的靠著這顆新星的灌籃取得勝利。「在那個年紀時，世界上沒有什麼比得上這次比賽。」維克多·文班亞馬在 2021 年 9 月回憶道，「對當時的我們來說，這是一個非常棒且高水準的體驗。雖然我那時還沒想到自己會走向職業賽場，但這段經歷真的非常有趣。」

他的第一個冠軍

2014 年和 2015 年，在布爾堡，他們還遇到了凱曼尼·胡因蘇（Kymany Houinsou，前艾斯維爾球員）和西迪·西索科，後者曾是文班亞馬年少時的競爭對手，現在成了他在聖安東尼奧馬刺隊的隊友。對那些見證他成長的人來說，當時這個尚未被完全打磨的天才，不僅身材驚人，他的友善和熱情也讓人印象深刻。

「他非常有人情味。」2015

年的隊友皮埃爾・莫勒納特回憶道，「他當時還沒有被媒體瘋狂關注，心裡還是個孩子，喜歡開玩笑、逗大家笑。我記得比賽第二天晚上，我們大獲全勝，然後他在宿舍裡，用他那長長的身體在地上扭來扭去，模仿毛毛蟲的模樣。比起勝利，一起生活的日子、睡前的笑話、一起在餐廳吃飯等，這些事情更讓人難忘，是一輩子的回憶。」

這並不妨礙他在籃球方面開始展現自己的實力，也逐漸確立了自己競爭意識。「當我再跟他提起這段經歷時，他第一句話就是說，當時他們沒有把他選為 MVP，這句話不是出自傲慢，而是帶著點孩子氣的失落感。」《北方之聲》（La Voix du Nord）的記者弗雷德・蘇里斯（Fred Source）微笑著說，當時他報導了這項賽事。「那時的他還沒有引起太大關注。畢竟 10、11 歲的孩子還很難看出未來走向，但看到一個這麼靈活、身高已經達到 190 公分的孩子，肯定會很好奇這孩子未來會成為什麼樣子？」

帕斯卡的兒子凱文・多納迪厄（Kevin Donnadieu），在布爾堡擔任弗雷德里克的助手，補充說道：「他當時就已經很有魅力，很特別。所有孩子的目光都在他身上，他還會幫大家簽名。他和同在球隊練習的內森・祖勒米（Nathan Zulemie）一起完成的第一個動作，就是空中接力灌籃。他在這裡獲得了他的第一個冠軍（2015 年），即使在無憂無慮的年紀，也不可能會忘記這種事。然而，留下更多的，是友好的氛圍和善意，不僅只是籃球本身。對他來說，一切很自然，很快樂。沒有人去想他未來能走多遠。」

然而，有人早已替他鋪好路了。美國那些最積極的球探們，特別是和楠泰爾有聯繫的，早在 2015 年就知道在法國北部的一個小鎮上有個 11 歲的小球員嶄露頭角。當時，他們就已經開始收集文班亞馬的照片、影片和評價，為未來做準備了。

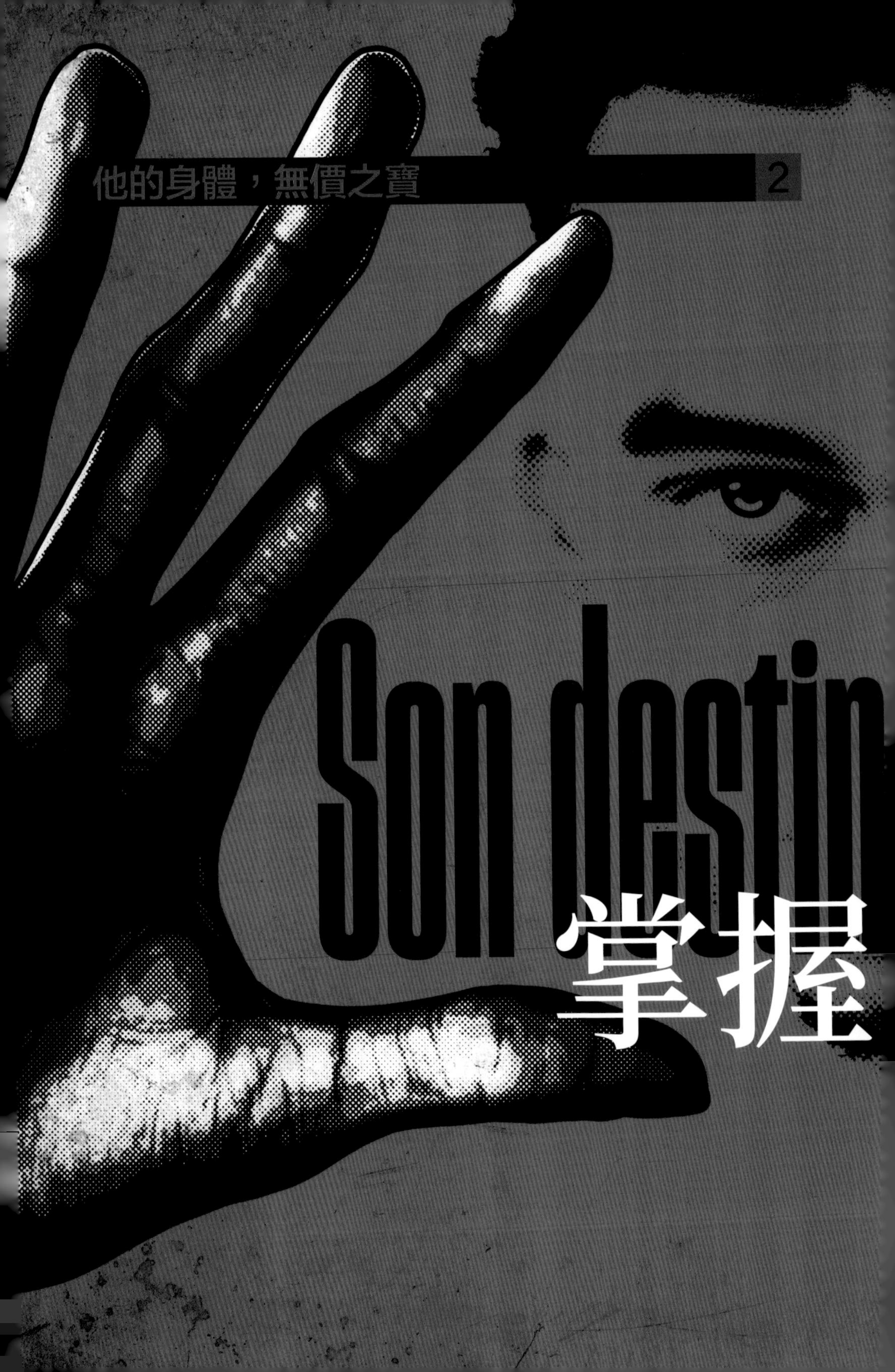
他的身體，無價之寶
2
Son destin
掌握

en mains
命運

從繪畫、樂高到從青少年時期就開始的刻苦
技術訓練……文班亞馬是如何將那雙本來可能在
高水準競賽中成為障礙的大手，變成了他的絕對武器？

▲卡里姆・布貝克利

　　他長長的指節一定還記得當時的感覺——在 8 月烈日下，燙手的皮球、無數次的折返跑、運球、投籃，還有在那片紫紅色交錯格紋的地板上來回奔跑。這是毗鄰保羅・瓦揚－庫蒂里耶體育館（Gymnase Paul Vaillant-Couturier Nanterre）的街頭籃球場。在 2018 年翻修時，裝上了幾百公尺長的新木板以及太陽能發電板，提供了楠泰爾年輕學子一個訓練的地方，而卡里姆・布貝克利（Karim

▲德揚・博迪羅加

Boubekri）教練就在這裡為 13 歲以下的孩子安排了訓練課程。這個訓練場，被曾於巴黎南郊舒瓦西勒魯瓦（Choisy-le-Roi）訓練和磨練的籃球迷稱為「破舊的小操場」，儘管經年累月，部分場地已經損壞、剝落，維克多・文班亞馬正是在這裡奠下了他今天讓人驚豔的控球基礎技巧。

他在這裡將那些對他這種身材的球員來說，原本可能（甚至應該）成為劣勢的條件轉化為了優勢。連續的

交叉運球、背後運球,接著轉身投籃、後仰跳投、單腳三分球,甚至是頭頂籃框的灌籃,又或是用他的手像蓋子一樣完美的給對手一記火鍋。這位來自凡爾賽的球員似乎有無窮無盡的技巧,而這一切都是他多年來精雕細琢的結果。

「理論上,手越大,越難投籃。」文班在 2021 年 9 月和 2022 年 2 月的兩次訪談中解釋道,「但其實這也可以是一種優勢:你可以更輕鬆的抓住球,更快、更容易的完成灌籃……我所擁有的這些是一種禮物,一種天賦,但要充分發揮它的潛力,需要每天練習。從很小的時候,我就開始練習同時用兩顆球運球,還有很多其他的訓練。因為我一直都想打 NBA。但真正下定決心,並為了達到這個目標付出一切努力,則要追溯到我在楠泰爾 U12、U13 的那幾年。卡里姆是我第一位專注於個人技術訓練的教練。在他的指導下,我學會了什麼叫真正努力,並且知道如何把自己投入到訓練中。」

「早上,孩子們帶著水瓶、跳繩和手套來到球場。」這位曾在法國法蘭西島沙朗通(Charenton)執教的教練回憶道,他曾訓練過籃球運動員埃萬·富尼耶、拉奧·科納特(Lahaou Konaté)和傑瑞米·恩澤里(Jérémy Nzeulie)等球員。為什麼要有手套?「是為了練習『控』球,手套讓你不會依賴手指的感覺。我在前沙加緬度國王(Sacramento Kings)控衛白巧克力(White Chocolate)——傑森·威廉斯(Jason Williams)的採訪中,學到這個訓練方式。剛開始會很困難,因為感覺不到球在哪裡,你必須更用力的運球。但當摘下手套後,你的感官和運球能力都增強了,球就像在你手中飛舞。」

這只是他眾多訓練點子中的一個,這位熱衷於個人技能發展的教練是運球方面的高手。有時,年輕球員會被要求用套著塑膠袋的籃球練習,「這是凱里·厄文(Kyrie Irving)年輕時和父親一起做的練習。」有些球還會被加重。而且這

套動作幾乎沒有極限，每個動作都可以在一個上午內重複練習多達250次。

「你可以混合假動作、腳步、執行速度、運球，也可以把它們結合起來……」布貝克利解釋道。在訓練的經典動作中，包括了提姆·哈德威（Tim Hardaway）的「殺手交叉運球」（killer crossover），以及艾倫·艾佛森（Allen Iverson）的招牌運球，還有德揚·博迪羅加著名的運球「El Latigo」，也就是大家熟悉的「Shammgod」。「維克多特別喜歡這個。」手上沒有球的布貝克利，笑著邊說邊模仿著名的花式變向運球動作。

作為 80 和 90 年代的孩子，布貝克利是在街頭籃球場上成長的，

▲ 1988 年的皮特·馬拉威奇（Pete Maravich）。

伴隨著音響的節奏，與巴黎街頭籃球賽 Quai 54 的創始人哈馬頓·西迪貝（Hammadoun Sidibé）一起打球。他深受當時的美國籃球文化影響，特別是《五大陣容雜誌》（5 Majeur）、麥可·喬丹和巴塞隆那夢之隊（Dream Team）的時代。當時流傳的籃球影片不多，大都是 VHS 錄影帶，比如 MJ 的紀錄片《Come Fly With Me》，還有講述 1970 年代的籃球技術大師皮特·馬拉威奇（見第 103 頁圖）傳奇故事的電影《À toi de jouer, petit》（英文電影名：The Pistol: The Birth of a Legend）。這些影片給了他很多靈感，後來他也從 And One 的混剪影片中，找到街頭籃球的自由風格。

「那個時候沒有 YouTube。」

「我們常常會看到小個子想要挑戰巨人。但維克多正好相反，一個巨人想要融入小個子的世界。所以我們讓他像控球後衛一樣訓練。為了適應，他必須比其他人更努力，因為重心比較高，對運球的精確度要求更高，假動作也要更加靈活、幅度更大。他喜歡嘗試新動作，無論是交叉運球，還是用出其不意的傳球來迷惑對手。」

——卡里姆·布貝克利，文班的啟蒙教練

「理論上，手越大，越難投籃，這沒錯，但其實這也可以是一種優勢：你可以更輕鬆的抓住球，更快、更容易地完成灌籃……我所擁有的這些是一種禮物，一種天賦，但要充分發揮它的潛力，需要每天練習。」

布貝克利笑著說，「當我們看到魔術強森騎著自行車運球，或看到馬拉威奇閉著眼睛在鐵軌上控球的片段時，就像是打開了另一個世界的窗口，完全被迷住，接下來好幾個星期廢寢忘食的只練習這些動作。」

他熱愛武術，像是成龍的電影，以及日本動畫，如《七龍珠》、《聖鬥士星矢》，他將這些作品中勤奮和堅韌的精神融入到訓練中。因此，他喜歡把楠泰爾的球場稱為「精神時光屋」——那是《七龍珠》中一個訓練 1 年相當於 3 年的地方，在那裡他會安排球員進行高強度的嚴格訓練。

他總是設法讓訓練既充滿挑戰性，又帶有遊戲的趣味。無論什麼方法，只要能讓訓練兼具這兩個元素，他都會採用。

這種訓練方式和流行文化的元素讓文班特別有共鳴。從小他就不喜歡被定位為內線球員，想要同時發展自己的後衛能力。為了說服未來的教練不要把他的角色限定在籃下舉起雙臂防守，他意識到了手部訓練的重要性。

「我們常常會看到小個子想要挑戰巨人。但維克多正好相反，一個巨人想要融入小個子的世界。」布貝克利說，「我們讓他像控球後衛一樣訓練。為了適應，他必須比其他人更努力，因為重心比較高，對運球的精確度要求更高，假動作也要更加靈活、幅度更大。他喜歡嘗試新動作，無

論是交叉運球，還是用出其不意的傳球來迷惑對手。」

　　無論在投籃動作、控球技術，抑或是在統計數據上，文班都證明了長期訓練的成果。在他前往美國前的最後一個職業賽季，即2022～2023賽季時，文班的罰球命中率為82.8%。對於一個內線球員來說，這樣的命中率非常罕見，因為罰球需要完美的手指協調和精準的掌控——定位、手腕發力、出手時的放鬆。尼古拉‧約基奇，曾獲得2次NBA MVP，並在2023年帶領丹佛金塊隊（Denver Nuggets）奪冠，其職業生涯的罰球命中率與文班相似，82.9%。

　　文班的現任體能教練吉約姆‧阿爾基耶，功不可沒。他在這名天才球員的訓練計畫中加入了一系列專注於手部技巧的練習，例如雜耍、對球的感官練習等，這些訓練著重於動作和神經系統的配合。所以我們曾看到文班在訓練時，在空中同時拋轉3顆籃球。「他對自己身體的空間感知力非常好，

也很喜歡這種刺激細膩機能的運動。有些訓練會涉及肌肉、大腦和手眼協調……」阿爾基耶說。

　　文班總是不斷的在「活動」他的雙手，並運用各種方式照顧雙手。他偶爾會為家人或自己下廚，他會去靠近大傑特島（l'île de la Jatte）的市場買菜，就在訥伊（Neuilly）和勒瓦盧瓦的交界處，他在大都會隊的那年正是住在這區。在他的購物籃裡，芒果、橘子和葡萄占了很大一部分。

　　另一個「指尖上的愛好」，就是玩樂高積木。而這一點也沒逃過聖安東尼奧球隊高層的眼睛。當他在NBA選秀後抵達AT&T中心時，馬刺隊在他的第一次記者會講臺旁就擺放了一個巨大的樂高艾菲爾鐵塔，作為迎接文班首次NBA記者會的禮物。

　　而這個愛好其實是源自於他的家庭。「我是星際大戰的忠實粉絲。」他笑著說：「我和爸爸一起看了這個系列的所有電影。我從4歲就開始玩星際大戰宇宙裡的樂

高積木。這是一項健康的娛樂，
也是一項需要精細操作的工作。
它讓我放鬆，同時動腦又動手，
我非常喜歡。就像畫畫一樣。」

　　文班從小就熱愛繪畫，在任
何場合都會拿起鉛筆畫點什麼。
「上課時，我會聽老師講課，但
只要有 30 秒的空閒時間，我就會
隨手畫點東西。」他描述道，「通
常是一些無關緊要的東西，一張

臉、一隻怪物、一種動物。」然而，
他的畫作精湛到讓隊友和周圍的
人都感到驚嘆不已。

　　「我經常看到他在球隊巴士
上畫畫。」阿爾基耶說。「這對他
一定有所幫助，因為這些活動會
刺激大腦，進而產生某方面的影
響。而玩樂高則訓練其他的能力。
這些事情也會影響到他在球場上
的表現。」

文班接著說：「我畫的都不是已經存在的角色。我不喜歡抄襲、模仿。我想創造、發明。」這與他在球場上所發揮的創造力如出一轍。「這些只是在短時間內完成的東西，我已經很久沒有好好的花1小時來畫畫了。我們家在這方面有點天賦，我母親曾學過建築。我不打算賣我的作品，我喜歡繪畫是因為我想要講故事。

總有一天，我會真正專注於這件事，精進我的繪畫技術，還有其他所需的一切。至於故事情節？目前還是個祕密，但我腦中已經有了故事大綱，之後會把它畫出來。」他承諾。並且總結道：「但目前我還有其他事情要完成。」

「我是星際大戰的忠實粉絲，我和爸爸一起看了這個系列的所有電影。我從4歲起就開始玩星際大戰宇宙裡的樂高積木。這是一項健康的娛樂，也是一項需要精細操作的工作。它讓我放鬆，同時動腦又動手，我非常喜歡。就像畫畫一樣。」

CHAPTER 9

楠泰爾：
血液裡流淌著
綠色精神

文班亞馬的名氣早在大都會隊時期就已風靡全球了。但奠定他
未來職業生涯基礎的，是 10 歲到 17 歲時，加入布洛涅和艾斯
維爾隊之前，在楠泰爾的時光。

終場哨聲響起。文班亞馬沒有像其他大都會的隊友一樣直接走回楠泰爾的莫里斯多瑞（Maurice-Thorez）體育館內部，而是跑向看臺。情感的洪流瞬間湧上心頭，順著本能，他讓自己被狂熱的群眾包圍，粉絲們大聲向他表達愛意，淚水也不由自主的流滿他的臉龐，讓他看起來像個孩子。仔細一看，他的大都會藍色球衣似乎漸漸變成了綠色，我們彷彿可以看到布洛涅的 92 號逐漸消失，露出他最愛的 32 號球衣。這一天是 2023 年 5 月 9 日，距離 NBA 選秀抽籤大會僅下剩 1 週，這位布洛涅的年輕內線球員正式與過去徹底道別。

▲文班亞馬在楠泰爾的首任教練弗雷德里克・多納迪厄。

「那是他的第一場 U15 比賽，我看到有個人拿出手機開始拍他，我立刻走過去，生氣的要他停下來。結果那是 ESPN 的球探麥克・施密茨（Mike Schmitz）。」

——弗雷德里克・多納迪厄

★文班這麼說★

「我這麼喜歡這個球隊，是因為它很契合我的個性、我父母的價值觀，以及我的理念。他們一路陪伴我，支持我的計畫和抱負，為了讓我能更上一層樓，他們為我提供了一切所需。每年他們都讓我跳級超越自我，當我想要更多訓練或者需要調整時，他們總是盡全力幫助我。要離開這裡真的很難受，就像離開自己的家一樣。」

他剛剛拿下 25 分、17 個籃板和 4 個阻攻，帶領球隊以 82 比 72 擊敗了老東家。

文班沒有特別慶祝勝利，而是向那些從他 10 歲起就一路栽培他到 2021 年加入艾斯維爾隊的人們致意，當時他快要成年。這是自他離開以來，第一次重回這個場地——前年曾與艾斯維爾隊一起回來過，但因受傷沒有上場。這也是他出發去美國前最後一次踏上這個舞臺。於是，他擁抱著弗雷德里克·多納迪厄（主席兼前教練）、文森特·德齊亞瓜（Vincent Dziagwa，體能教練）、菲利普·達席爾瓦（Philippe Da Silva，助理教練）、米迦勒·阿拉德（發掘他的人）以及帕斯卡·多納迪

厄久久不放。

「看到他表達出這些情感，讓我們心裡非常感動。」阿拉德說。「這一刻將永遠銘刻在我們的心中。」帕斯卡·多納迪厄接著補充道，他在文班 16 歲前就讓他參加了法國籃球甲級聯賽和歐洲盃籃球賽（Eurocup）。「我平常不太表露情感，所以看到他這麼真摯和自發的情感流露，對於陪伴他這麼久的我們來說，這是他給我們最好的回報。這也展現了他人性的一面。許多球隊的夥伴在他身邊投入了大量心血，而我只是過程裡的其中一小部分而已。能夠幫助他走到今天這一步，是種莫大的榮幸。」

被詹皇稱為「外星人」的文

班亞馬，血液裡的確流淌著綠色精神。「這是我最喜歡的顏色。」他在選秀大會上說。這也是他在2023年6月22日走上布魯克林巴克萊中心紅毯時穿的西裝顏色，不僅代表了上塞納的球隊，同時呼應了他那「外星人」般的天賦。

他在法國的最後一年，我們曾多次在勒瓦盧瓦遇見他，無論是剛從健身房出來，還是結束個人訓練，他肩上總是披著一件楠泰爾的球衣。而球隊送給他的裱框球衣則高掛在他里昂（Lyon）公寓的客廳裡，周圍擺放著復古的漫威漫畫海報和用玻璃罩保護的樂高模型作品。這段緣分始於2014年某天，當時米迦勒・阿拉德第一次看見這位來自勒謝奈－凡爾賽的高個子，還以為他是對手球隊的工作人員。

「我當時正在指導一場U13的地區比賽。」阿拉德解釋道，「文班那時候是U10，當我發現這個高個子居然是球員時，眼睛都亮了。一名球員的父親弗雷迪・卡巴拉（Freddy Kabala）輕推了我一下並笑著告訴我，他認識這個孩子的爸爸。2分鐘後，我就和費利克斯・文班亞馬聊上了。我立刻看出這個瘦高的孩子有些特別。幾個月後的布爾堡比賽（北邊的U11世錦賽）就要到了。我建議他每週三來參加訓練。」

年輕的維克多開始定期參加訓練，並在次年夏天獲得了他的第一張球員證。他的父母也與球隊建立了互相信任的關係，他們盡一切努力保護兒子，避免文班在13歲時就引來全球的過度關注。「他第一次打U15比賽時，一如既往的跨級參賽。」弗雷德里克・多納迪厄，現任楠泰爾主席回憶道，他成了這個家庭的親密朋友，並且受邀一同至紐約參加選秀。

「我看到有個人拿出手機開始拍他，我立刻走過去，生氣的要他停下來。經紀人傑瑞米・梅賈納（來自ComSport）告訴我那是ESPN的球探麥克・施密茨。我心想，已經開始了嗎？之前雖然有

些動靜，但還算平靜。當他第一年參加全國青少年比賽時，NBA 的球探就已經出現了，但維克多更想留在這裡，他的父母讓我們幫忙應對這些關注。我從未在球員僅是這個年齡時見過這樣的情況。連東尼·帕克當年都沒有這麼多的關注。維克多開創了一個先例。」

楠泰爾在培養文班亞馬時，明智的接納了他獨特的特質。「一個想要挑戰小個子世界的高個子。」運球和個人技術訓練專家卡里姆·布貝克利如此巧妙的形容，他在文班心中有著特別的地位。阿拉德和弗雷德里克·多納迪厄給了他充分的自由，讓他發揮他的創造力，以及對跑步、三分球和盲傳的熱愛。「我們從來沒想讓

他像傳統高個子一樣打球。」多納迪厄解釋道，「我讓他同時用兩顆球進行訓練，這些都是超齡的訓練。一開始他犯了很多錯誤，失誤很多。我們必須在糾正他的同時找到平衡，不去限制他的天賦。

他可能沒有意識到，但這對我們教練來說真的不容易啊。」（笑）

上塞納省球隊倡導的謙遜及勤奮的精神，與這位男孩從小所受的教育完全符合。他選擇住在距離體育館不遠的尚齊（Chanzy）

宿舍二樓的一間單人房裡，門牌上至今還掛著他的名字。他經常一個人待在那裡，遠離電子產品，花時間看書或畫畫。球隊還特別為他添購了一張加大的床，讓他睡覺時腳不會懸空。

為了文班亞馬，球隊建立了一個前所未有的專業團隊，除了文森特‧德齊亞瓜精密的體能監控外，還有米迦勒‧布爾（Michaël Bur，青年隊）、傑西‧瓦萊特（Jessy Valet，U18）、菲利普‧達席爾瓦、阿明‧埃爾‧哈傑拉伊（Amine El Hajraoui，法國少年隊助理教練及其寄宿學校老師）等人的個別化指導，同時，他也沒忘記學業的重要性，提前一年拿到了高中畢業證書。

他的進步迅速、穩定且令人驚嘆。但最讓人印象深刻的，是他自身的魅力。文班因其和藹可親的個性、陽光的笑容和超越年齡的成熟度，讓所有人都對他充滿好感。再加上他對比賽和團隊合作的熱愛，以及在壓力下的出色表現和帶動隊友的能力，更是讓他脫穎而出。

「其實，10歲時就要考慮未來不是件健康的事。」弗雷德里克‧多納迪厄說道，「但我很快的意識到，除非他失去對籃球的熱愛，或被女孩或其他事情分心，否則他將會是獨一無二的存在。他現在的成就，早在坦耶爾米塔日（Tain L'Hermitage）體育館舉辦的 U15 全法冠軍準決賽的關鍵時刻，就已經展現出來了。」

當年指導文班亞馬的教練布萊恩‧喬治（Bryan George）回憶道：「文班在 U15 的第一個進球，就像克雷‧湯普森（Klay Thompson）的動作一樣。」這位法國國家隊和亞特蘭大老鷹隊（Atlanta Hawks）的影片助理笑著說，「他從球場的一端衝到另一端，當時動作還不像現在這麼流暢。他在移動中接到球，然後出手投了個三分。我當時心想，他瘋了吧，結果……咻一聲，進球了。那一刻我心裡想：『如果他覺得這

「他就像個藝術家。
在球場上，他就像在創作一樣，
用比賽來表達情感，
既有頂級運動員的競爭力，
又帶著像孩子般無憂無慮的天真。」
——米迦勒・阿拉德，文班亞馬的啟蒙教練之一

樣做很有趣，而且他的隊友也接受，我有什麼資格告訴他什麼能做，什麼不能做？」這就是他的天賦。他總能用溫和的方式堅持自己的做法，不強加在別人身上，他的溫和和善意讓人心服口服。」

「他與楠泰爾的關係很深厚。12 歲到 15 歲是一個關鍵期，人會在這個時期塑造自我。這段時間他不僅影響了球隊和身邊的人。在這個競爭激烈的環境中，他證明了不

需要成為那種自私的人也能成功。這非常罕見。老實說，撇開籃球不談，維克多是一個令人驚訝的人，他的出現改變了我。」

「他就像個藝術家。」米迦勒・阿拉德補充道，「在球場上，他就像在創作一樣，用比賽來表達情感，既有頂級運動員的競爭力，又帶著像孩子般無憂無慮的天真。他當時還只是個 190 公分高的孩子，跟大塊頭一起打球，會從背

後傳球，無論是防守、上籃還是投籃，儘管動作有些不協調，他還是能達成目標。維克多不受年齡或位置的侷限，他不按牌理出牌，徹底改變了比賽。」

局勢迅速發展起來。從文班在 2021 年 4 月底正式成為職業球隊的一員後，楠泰爾整體表現大幅提升。作為先發球員，從 5 月 1 日起，文班所參加的最後 12 場比賽中贏了 10 場。幾週後，他宣布將加入艾斯維爾隊，並參加歐洲聯賽，這無疑是讓人心碎的消息。

「那真的是很難受的一天。」多納迪厄回憶道，「我是在我生日那天晚上知道的。之後整整一個星期我都很沮喪。我以為他至少會再待 1 年。」當時，這位球員直接去請教他的第一位教練，面對面的與他溝通這個決定。沒有父母，也沒有經紀人在場，只有他們兩個人。整個對話很短，但充滿情感。

「他當時哭了。」多納迪厄繼續說，「我不想讓他感覺難過，雖然這對我來說打擊很大，但我努力不讓他看出來。我不怪他。我只是意識到，我想要帶著一個孩子從青訓一路走到 NBA 選秀的夢想，可能無法實現了。我花了一段時間才接受這個現實，但到了新賽季時，我已經好多了。當他和艾斯維爾隊一起回來時，我們面對面單獨聊了 2 小時，他詳細解釋了自己想要更多挑戰，和參加歐洲聯賽的原因。我們只能尊重他的選擇，就像他後來選擇加入大都會隊，跟隨文森特·科萊特完成他進入 NBA 前的最後準備一樣。」

他的兄弟帕斯卡·多納迪厄補充道：「唯一的遺憾，是當初曾考慮過的大都會隊和楠泰爾隊合併計畫最終未能實現，否則我們本來有機會與文森特和維克多一起合作。」兩年過去了，文班亞馬以最美好的告別回饋了他的第 2 個家，留下了一個希望和一個承諾：如果有機會，他希望在職業生涯的最後階段，再次穿上那件綠色的 32 號球衣。

阿爾基耶， 寶藏 守護者

揭開體能教練吉約姆・阿爾基耶的祕辛，
這位訓練師獲得了文班亞馬的信任，
負責照顧他最珍貴的資產：他的身體。

一位工作人員走進大都會 92 隊位於馬塞爾－塞爾丹（Marcel-Cerdan）體育館地下室那間狹小的健身房時，牆壁斑駁，地板是打磨過的混凝土，眼前的景象讓他頓時愣住了。球隊的體能教練吉約姆·阿爾基耶──主要負責文班亞馬的訓練，正頭朝下，腳趾朝向天花板倒立著，雙手還靈活的在橘色的墊子間移動著。

「吉約姆，你在做什麼？」很快就有人回答，這個回答卻是來自不遠處正在做負重訓練的文班亞馬。「你應該問的是為什麼自己不是用手走路……」布洛涅－勒瓦盧瓦的中鋒笑著說。這一瞬間道盡了為什麼文班和阿爾基耶能在不到一年的時間內就建立了牢不可破的連結。這兩個人都喜歡從不同角度看待事物。

「體操中的倒立支撐──也就是倒立行走──不僅能鍛鍊肌肉，還能刺激前庭系統和內耳平衡功能，這也是我特別欣賞維克多的一點，他總是充滿好奇心，想要探索各種可能性，想要理解背後的原因。他就是他自己成長計畫的主導者。」這位來自克萊蒙（Clermont）的教練說道。這名教練 7 歲到 11 歲，居住在法屬圭亞那（Guyane）的庫魯（Kourou）那是一個位於南美大西洋沿岸，人煙稀少的地區，以其天文中心聞名，自 1960 年代以來一直都是阿利安（Ariane）火箭的發射地。

「對我來說，他的運動能力比許多球員都更為出色。我們做一些對高個子來說非常困難的核心訓練，他總是能輕鬆完成。」

回到法國本土之後，阿爾基耶定居在靠近塔布（Tarbes）的庇里牛斯－大西洋省（Pyrénées-Atlantiques）附近，並取得了體育科學與技術（STAPS）的學位，以及體能與心理訓練碩士學位。而他的職業生涯始於奧洛隆－聖瑪麗（Oloron-Sainte-Marie）和波城（Pau）。在這期間，他同時管理著一支三級聯賽的橄欖球隊和波城－拉克－奧爾泰茲（Élan Béarnais）籃球青年隊。2017 年至 2022 年，他與波城職業隊合作，接著加入了巴黎大都會隊，也定期參加東尼・帕克的夏令營，現在則致力於幫助另一種太空裝置——維克多・文班亞馬——順利起飛。

他現在是負責文班最重要且棘手任務的總工程師：主導他的體能訓練和身體發展。這是一切的基礎，對於一個身高 223 公分的人來說，很多人擔心他更容易受傷。「對我來說，他和其他人沒有什麼不同，運動能力甚至比許多球員都更為出色。我們做了一些對高個子來說非常困難的核心訓練，他卻能比很多控球後衛做得更好，持續的時間也更久。當我告訴他這應該很難時，他總是笑著向我保證沒有問題，然後就輕鬆完成了。維克多喜歡遊戲和挑戰。而這也正好符合他的訓練方式：每週休息一天，通常每天進行兩次訓練，保持訓練的趣味性始終是關鍵。」

阿爾基耶熱衷於閱讀和收聽與自己專業相關的書籍和播客，

「我對神經學、心理運動功能非常有興趣，同時也關注那些專注於動作訓練的教練，特別是那些喜歡跳脫框架、創新訓練方式的人。」

不斷豐富自己的知識。你甚至會看到他在訓練室休息時遞給球員一個魔術方塊。而文班在賽前 13 分鐘的例行熱身動作，已成為觀眾和好奇人士必看的環節，他會用顆粒球按摩足弓，用 3 顆網球耍花招，或者做著名的「熊爬」，以及一些其他的熱身，阿爾基耶喜歡稱這些為「全方位」訓練的一部分——意即每一個訓練或活動都只是整體的一部分。「我們不只是為了舉重而舉重。」他說，「我們要跳脫出傳統的肌肉訓練框架，我對神經學、心理運動功能非常有興趣，同時也關注那些專注於動作訓練的教練，特別是那些喜歡跳脫框架、創新訓練方式的人。好比雜耍，這不只是娛樂，它還有助於提升運動表現。當你能在不同情境下靈活調動身體，你在

後空翻，讓肌腱和韌帶適應不同的挑戰。我們的目標不是每天都搞花樣，但加入一點樂趣、打破常規是很重要的，這樣能激勵運動員。而維克多也特別喜歡這種方式。」

他也非常重視「看不見的訓練」，包括補充水分、飲食（每天 5 餐）、睡眠（建議每晚 9 小時）……「當我們只專注於純粹的訓練時，往往會忽略其他同樣重要的部分。對於那些需要高強度訓練的年輕運動員，同時也需要大量的恢復，這些都是不可忽視的。比如，維克多睡覺時絕對不會把手機放在身邊。」阿爾基耶解釋道，他更偏好用經驗來掌控，而不是依賴一些高科技設備如智能戒指或感應器，以防止維克多受到電磁波的影響。

對於一個未來備受矚目的球員來說，為他制定指導方針和發展計畫就像是一項精雕細琢的工藝創作，同時也需要平衡和謹慎，阿爾基耶成功的做到了這一點。首先，他與所有之前參與過塑造

場上的表現也會更出色。」

他的訓練內容還包括在柔道墊子上翻滾、沙地訓練、彈跳床或游泳池……但去那裡不是要游泳。「我說明一下這項訓練。」阿爾基耶解釋道，「我們會在水裡翻滾、

維克多的人們進行了溝通，包括他的父母費利克斯·文班亞馬（前三級跳遠和跳遠運動員）和艾洛蒂·佛德侯（前籃球運動員，後來成為教練，現在是筋膜治療師）、體能教練文森特·德齊亞瓜（楠泰爾）和曼努埃爾·拉克羅瓦（艾斯維爾）、骨療師帕特里克·巴塞（Patrick Basset）、籃球個人教練提姆·馬丁（Tim Martin）、經紀人布納·恩迪亞耶和傑瑞米·梅賈納，及他的足科醫生……。

「關於維克多，外界總是有各種不同的說法。在開始合作之前，我必須先與他談談。」阿爾基耶解釋道。他與文班的第一次見面是 2022 年 8 月 14 日。那是一場在楠泰爾舉行備受矚目的友誼賽前夕，參加比賽的有法國新秀們——包括當時還不為人知的比拉爾·庫利貝瑞和維克多的弟弟奧斯卡·文班亞馬——對上布朗尼·詹姆斯（Bronny James，詹皇的兒子）的高中球隊。這位體能教練是由 ComSport 經紀公司推薦的，因為

該公司高層對他與他所訓練的旗下球員結果很滿意。特別是佩特·柯爾納利（Petr Cornelie）、喬凡·奧尼昂格（Giovan Oniangue）。他們第一次的會面長達 3 小時，目的是要詳細了解維克多的身體狀況，並讓他表達自己的願景和個人目標。阿爾基耶對文班亞馬的決心和成熟感到震驚。「正如我後來所認知到的一樣，他在知識和領悟力方面，都已經超越了其他人。例如，在肌肉訓練時，他對自己的姿勢和手、腳的定位都非常精確。他認真傾聽，並且吸收得很快。」

儘管如此，這仍是一項浩大的工程。「首要任務是增強下肢力量，確保他的腿足夠強壯，能夠承受連續不斷的碰撞，還能保持低重心奔跑。」阿爾基耶解釋道，「其次是核心力量，因為沒有穩固的核心支撐，就無法充分發揮身高的優勢。接下來就是保持穩定性。因為他的骨骼還在成長，不能像對待成熟球員那樣進行重量訓練，過度增加負重可能會有小骨折的

風險。因此,增加體重也從來不在我們的規畫之中。增加體重並非沒有風險,而且必須以適當的方式進行。他的肌肉比例提升了,脂肪減少了,我們走在正確的道路上。他來時體重是 100 公斤,現在(2023 年 4 月中旬)已經達到 104 公斤。但事實上,他並沒有那麼容易受傷。」

這個說法也在他最後一個法國賽季中(2022 ～ 2023)得到了驗證。當時文班的成績壓制了整個冠軍賽,並且沒有錯過任何一場大都會隊的球賽,平均上場時間還是全聯盟最多的 32.1 分鐘,儘管對手總是對他進行激烈的防守,像季後賽中來自維勒班(Villeurbanne)的查爾斯·卡胡迪和摩納哥的約翰·布朗的極致身體防守,文班雖然偶爾會被壓制,但從未被打敗,他並不是像某些人所預言的那種,在進入 NBA 後便會被擊垮的瘦弱高個子。

「在歐洲,你可以比在美國更有侵略性,在美國,很多在歐洲出現的動作都會被視為犯規。」摩納哥超級巨星麥克·詹姆士(Mike James)評價道,「NBA 的打法對他更有利,給他更多的自由。他的身體還沒完全發展到顛峰,未來他會變得更快、更強壯。當他達到顛峰狀態,並且在合適的體系裡時,他可以隨心所欲的做任何他想做的事情。」

選擇加入大都會隊讓文班亞馬可以更專注於個人發展和恢復,因為他不必再像前一年在艾斯維爾時,為了參加歐洲聯賽而頻繁旅行。上一個賽季,他受到了各種傷病的困擾(如手指骨折、肩胛骨、腰大肌的問題,甚至缺席了球隊奪冠的決賽和歐洲籃球賽),這些都阻礙了他的進步。如今,他往前邁進的步伐已經無法被阻擋,下一步將在德州與他的體能教練吉約姆·阿爾基耶一起繼續前行。這位在法國國家隊與文班並肩作戰,並守護他最珍貴資產──身體的專家,已經被馬刺隊聘請,成為他們教練團隊的一員。

CHAPTER 10

巴塞隆納：
巴薩的網中精神

跟其他菁英球隊一樣，巴塞隆納籃球隊竭盡全力想在 2018 年的迷你國王盃（la mini Copa Del Rey）後，把文班亞馬從楠泰爾挖走，但最終徒勞無功。

韋斯卡（HUESCA，西班牙）

——藍色和石榴紅很適合他的膚色。看著 2018 年 2 月那個週末的照片和影片，你一眼就能認出，沒錯，那正是當時年僅 14 歲的文班亞馬，身穿巴塞隆納籃球隊的球衣，留著精心修剪的爆炸頭，長長的手臂宛如延伸到天際，帶著一絲微笑，果斷的阻止了一個嘗試要投籃的巴達洛納小球員，這個小傢伙還不知道自己遇上了誰。大加納利（Gran Canaria）球隊的舊體育館——綜合體育中心（Centro Insular de Deportes）裡，黃色座椅稀疏點綴著看臺，外頭春日的陽光提前了幾週灑滿整個拉斯帕爾馬斯市（Las Palmas），迷你國王盃——青少年版的國王盃——就在這裡舉行。

這位出生於勒謝奈，仍然註冊在楠泰爾底下的球員，怎麼會出現在這？原來，在這項旨在展現西班牙青訓營新秀的比賽中（2004 年首屆 MVP 是日後成為 2009 年和 2011 年歐洲冠軍、2019 年世界冠軍以及 2008 年北京奧運會決賽

對陣美國隊的先發球員瑞奇·魯比歐〔Ricky Rubio〕），球隊可以自由的邀請來自其他國家的「客座」球員補強陣容。

文班很快就成為魯本·阿爾卡拉斯（Ruben Alcaraz）名單上的

首選。經過多次失敗嘗試後，這位巴塞隆納的球探總監終於達成目的。「其實我們已經追蹤他一年多了。」他解釋道，「我回到巴塞隆納時，一位熟識的德國教練提到他在某場楠泰爾隊U13比

賽裡看到的 3 名球員，其中一名特別出色。我只看了第一段影片，就驚呼：『哇……』再看到布爾堡比賽的幾段影像後，我立刻跟我們青年培訓中心（Cantera）的負責人提起他。很快我就意識到我們談論的是一位『世代型』的球員，就像盧卡‧東契奇被皇家馬德里（Real Madrid）簽下時一樣，他能改變一支球隊的命運，甚至可能徹底改變籃球的打法。」

他接著說：「他是我職業生涯中第一位，在 13 歲時就讓我確信他未來能進 NBA 的球員。現在我甚至可以說，在他的顛峰時期，他絕對會成為 NBA 最頂尖的球員之一。我們後來與他的母親取得聯繫，雖然她最初多次拒絕，但最後還是答應了我們的邀請。」

事實上，像巴塞隆納這樣的頂級球隊，不管是專業培訓、設備還是高水準的比賽機會，都足以使來自加泰隆尼亞（Cataluña）的邀請無法讓人抗拒。然而，正如阿爾卡拉斯所說，文班亞馬的

父母卻猶豫不決，甚至對接納他們的楠泰爾感到一絲愧疚，因為他們對這個地方有深厚的情感。

布萊恩‧喬治，現任亞特蘭大老鷹隊和法國國家隊的助理教練（影片和發展專員，曾在艾斯維爾擔任過同樣職務），他當時是文班的教練，他回憶說：「他的父母真的是與眾不同。如果有人對我說：『你兒子很有潛力，來巴塞隆納吧，所有費用全包，還住五星級酒店。』我想我甚至不會提前通知球隊（笑），就直接衝過去了。這看起來是職業生涯的絕佳機會。但他們並不這麼看。他們很喜歡待在楠泰爾。媒體的關注、聚光燈下的生活對他們來說沒有吸引力。當他們最終答應的時候，還向我們道了歉。他們說去那裡是為了體驗一下，順便全家人一起度個假，但這不會改變他們對楠泰爾的深厚感情。我當時告訴他們：『當然，這樣的機會一定要去！』」

對上塞納省的人們來說，大家對這件事仍然有點不滿，主要是

因為巴薩（按：巴塞隆納籃球隊簡稱）是直接找上文班亞馬的父母，完全沒有事先通知楠泰爾的管理層。是為了要偷偷來嗎？「他們在最後一刻才通知我來簽字。」楠泰爾的主席弗雷德里克・多納迪厄憤恨的回憶道，「我早就知道他們會想盡辦法影響他的決定。我寫了一封嚴厲的電子郵件狠狠的批評了他們，告訴他們這種做法是完全不會被接受的，尤其當時我們還打過歐洲聯賽，甚至在他們的主場打敗了他們（2013 年 10 月時以 71 比 67 獲勝，這是法國籃球史上最令人驚訝的冠軍之一）。我們不會自視甚高，但我認為我們應該得到更多的尊重。」

其實，巴塞隆納的動機很明顯，跟所有曾經在球場上看過文班亞馬表現的球探一樣，他們都看到了他在球場上的巨大潛力。甚至有消息稱，為了文班亞馬，

他們甚至提出了金錢和工作機會的誘人條件，想讓文班的家人搬到西班牙去。「我不知道他們向他提出了什麼提議，那不是我職責範圍內的事。」魯本・阿爾卡拉斯回答道，「但我們談的是整個家庭，父母、當時還是手球運動員的弟弟奧斯卡，還有同樣也是籃球運動員的姊姊伊芙，還有一個我們願意為其付出更多努力的年輕人。對於這樣一個家庭，你不只要提供一份合約，而是要給他們一個完整的生活計畫。如果當時維克多簽了約，他肯定會徹底改變巴薩的。」

當文班抵達大加納利島時，立刻引起大家的注意。伊比薩第三師（西班牙籃球聯賽）的教練，前巴薩訓練中心教練卡洛斯・弗洛雷斯（Carlos Flores）在 2 月中旬那一週指導了這位新星，他回憶道：「我們在那裡，看著這個高大，當時還很瘦弱又害羞的孩

「如果當時維克多簽了約，他肯定會徹底改變巴薩的。」
——魯本・阿爾卡拉斯，巴塞隆納球探總監

子，卻能做出這個身高的人不應該做得到的動作。在第一個練習中，他抓到一個籃板，然後發動快攻，還來了個胯下運球。這顛覆了我過去所知道的一切。他是一個有控球後衛思維的高個子，能跑、能投三分。而且一點都不自私。他熱愛比賽，並樂於和隊友分享。整場比賽都讓我們像在做夢，這孩子的表現完全超出常規，簡直像是集體幻覺。」

「培訓中心的主管對我說：『好好珍惜這個機會吧！未來你可以驕傲的說你曾經指導過他。』第一堂訓練課之後，我便開玩笑的對大家說：『別讓他回去，把他鎖在更衣室，藏好鑰匙，等到下一次訓練再放他出來。』」弗洛雷斯笑著說，「從他踏進運動中心的那一刻起，大家都竭盡全力想要讓他留下來。」

最終，巴薩獲得了第三名，這要歸功於這個法國小將最後一場比賽出色的表現：16 分、15 個籃板，外加 2 次關鍵防守。然而，

文班亞馬和他的家並沒有搬到加泰隆尼亞這，他們信守承諾，回到法蘭西島。弗洛雷斯回憶道：「與他母親的對話感覺似乎都很順暢。但他們很清楚自己的方向，知道要前進的目標以及如何達成目的。」

還有其他原因嗎？事實上，當事人對這次經歷並不完全滿意。他回來後向布萊恩·喬治說：「他告訴我他並不享受在那裡的時間。用他 14 歲的詞彙和語言表達了他的感受，他覺得那裡的人們對他不夠坦誠，沒有告訴他哪些事情不對，甚至覺得他們對他不夠嚴厲。至少不像我對他的方式那麼直接（他笑著說）。我把這當作一種讚美。

「他覺得那裡的人們更在意的是要如何把他留下，而不是幫助他成長。我當時真的很驚訝，他年紀這麼小卻能夠這麼成熟、這麼冷靜的看待事情。照理說這個年紀的人通常很容易被這樣的環境所吸引，但每次與他接觸，都讓人覺得他的與眾不同。」

CHAPTER 11

「獨角獸」的祕密

艾斯維爾隊是法國歷史上最成功的球隊，而 2021 ～ 2022 賽季，是文班亞馬在這度過的唯一一個賽季，他讓《隊報》跟隨他一整天。儘管一些小傷勢稍微延緩了他的進步速度，但這是外界首次有機會窺探他的日常生活和個人世界。

此篇報導發表於 2022 年 2 月 11 日的《隊報》

里昂——在粉紅色背景的畫中有一名籃球運動員，頂著飛揚的爆炸頭，穿著螢光黃背心和綠色 T 恤，腳踩復古的 Air Jordan 球鞋，一邊進行背後運球的動作，裝扮像是衛斯里·史奈普（Wesley Snipes）在羅恩·謝爾頓（Ron Shelton）的經典電影《黑白遊龍》（*White Men Can't Jump*）中那樣。這幅由藝術家魯本·傑洛德（Ruben Gérard）所創作的壁畫，在 2021 年 12 月，於巴黎的《軌跡》（Trajectoire）展中被文班亞馬的家人買下，現擺放於他在里昂家的客廳中央，旁邊擺著一個指針停擺的黑色時鐘。「我一直懶得去換電池。」這位艾斯維

爾的新星笑著說。

在歐洲籃球聯賽對陣聖彼得堡的比賽中，文班亞馬的肩胛骨輕微受傷，因此從 2021 年 12 月 15 日開始他就暫停了賽季。不過，他很快就在 2022 年 2 月 11 日對陣帕納辛奈科斯（Panathinaïkos）的歐洲籃球聯賽時復出，最終以 63 比 76 失利，14 分鐘內取得 5 分、5 籃板。一週前，這位 18 歲、

「他拿筆的功力，
不輸他打球的技術。」

──馬修・斯特拉澤爾（Matthew Strazel），
艾斯維爾隊友兼 U19 國家隊成員

當時身高 219 公分的法國冠軍大前鋒在繁忙且分秒必爭的行程中（即使受傷也是如此），享受了一個難得的平靜時刻，向《隊報》敞開了家門。他的隊友們正在土耳其參加兩場歐洲聯賽，而他則留在家中，專心準備自己的康復訓練，為重返賽場做好準備。

這段時間以來，他的身影從球隊的照片中消失了，名字也不再出現在比賽數據上。但如果你曾在里昂的金頭公園（Tête d'Or）溫室周圍閒逛，或是偷偷瞄一眼艾斯托巴勒（Astroballe）體育館內，你可能會看到他去做冷凍治療，或是不斷的進行投籃訓練。雖然他的缺席暫時讓那些關注他一舉一動的報導減少了一些，但這並沒有阻止 ESPN 的分析師在 2022 年 1 月底，依然將這位在楠泰爾成長的勒謝奈（伊夫林省）少年列為 2023 年 NBA 選秀的熱門人選。這似乎並沒有讓他感到驚訝或過於擔心。即便在那個時候，他也只是很淡定的回應：「我並不意外，這也不會打亂我的

步調。我對自己有所期待，而我正為此努力著。」

在這片俯瞰里昂高級住宅區的落地窗前，文班亞馬慵懶的坐在沙發上，身穿印有 Nike 復古字體標誌的 T 恤，眼神滿是驕傲的望向牆上那幅 90 年代風格的畫作。「我一看到它就愛上了。有史派克・李（Spike Lee）的味道，很復古，很對我胃口。我喜歡那個姿勢，整個構圖很平衡，每一寸空間都經過精心安排，非常有設計感。」這位在 1 月 4 日剛成年的年輕人說道，「離開了童年的世界，讓我有點感傷。」這位對藝術充滿熱情的少年，正在把這份熱情融入他的日常生活中。

從學校時期開始，日本武士和英雄奇幻故事中的人物填滿了他畫圖的筆記本。漫畫《阿斯泰利克斯歷險記》（Astérix）給了他靈感，他總能想到一些角色，並將角色融入高盧世界。在艾斯維爾的訓練結束後，他經常會在更衣室裡占用教練 T・J・帕克（T. J. Parker）的戰

術白板畫些插圖。

「他畫了一個倒掛金鉤射門的足球員和《嘰哩咕》（*Kirikou*）中的女巫卡哈巴（Karaba）。」馬修・斯特拉澤爾笑著回憶道。他是維克多的好友，也是 2021 年夏天在 U19 世界盃決賽中並肩作戰一同輸給美國隊（81 比 83）的隊友。「他拿筆的功力，不輸他打球的技術，且完全不需要參考圖，他這種專注細節的個性，真的很能體現他的性格，還有一點點迷信。認識他之前，聽了很多關於他的傳聞，我對他已經非常好奇，但見面後，他的謙虛讓我感到驚訝。你會覺得像他這樣受到這麼多關注的人應該很容易自滿。但事實正好相反。他默默的走自己的路，沉浸在自己的世界裡專注的努力。剛到維勒班時，他花了一段時間適應，但他進步得越來越快，成績也很快展現出來。」

一個比楠泰爾更專業、更全面的專門團隊正在努力培養這位觀察家認為可能成為法國版賈霸的球員。與楠泰爾相比，這個團隊的財力更加充裕（預算接近 1,500 萬歐元，約新臺幣 5 億 3,586 萬 5,641 元），這得以讓他獲得更好的發展條件。

他的球風常被拿來與凱文・杜蘭特或揚尼斯・安戴托昆波比較。文班亞馬解釋道，他會透過專門拍攝單一球員動作的影片來觀察這兩位超級巨星的比賽，從中汲取靈感。「同時，我也在構建我自己的打法和理念。」這位喬丹迷補充道，他也對柯比・布萊恩的職業道德充滿了敬仰和崇拜。

文班亞馬的日常安排圍繞著他一天 5 餐的飲食計畫進行，這些餐點的營養攝取量由營養師朱利安・荷貝侯（Julien Rebeyrol）設計，然後由專門的外送服務送到家中。此外，由約瑟夫・戈米（Joseph Gomis）和皮爾里克・普佩（Pierric Poupet）指導他的個人籃球技術訓練，曼努埃爾・拉克羅瓦負責投籃及體能訓練，朱利安・萊尼（Julien Lenne）則負責力量、肌肉增強訓練、身體保養，還有神經訓練課

我們從來不會給孩子施加壓力，或強迫他們去追求成績，也不會將不屬於他們的夢想投射到他們身上。

——艾洛蒂・佛德侯，文班的媽媽

程，幾乎每個細節都要經過精心的安排。

「他的運氣不錯，儘管受傷，也沒有浪費時間。」約瑟夫・戈米說道，「我們趁機強化了他的左手、終結能力（finitions，禁區前射門準度）、腳步動作、爆發力、腳步移動以及籃下進攻技巧。當他的肩胛骨恢復得差不多時，我們便重新開始用輕重量鍛鍊他的強項。他還年輕，所以我們必須慢慢來，謹慎而耐心。以他的年齡來說，他的心智已經相當的成熟。他總是在觀察之後，才會對事情做出反應或表達自己的想法。他對籃球的知識已經大有進步，但最終，只有透過實戰才能真正讓他成長。讓我特別佩服的是，他能夠切斷周圍一切的干擾，專注於自己的進步。」

他的父母則負責管理四面八方湧來的邀請，母親的堂兄弟，尼古拉・佛德侯（Nicolas de Fautereau）、威利・貝門（Willie Beamen）聯合創辦了一間行銷公司——現由伊薩・姆博負責媒體管理。「維克多的 Instagram（2022年 2 月有 9 萬 3,600 個粉絲，2023年夏天選秀後超過 230 萬個粉絲）個人資料上設置了一個電子郵件地址，可以幫助我們篩選請求，避免混亂。」佛德侯解釋道，「如果你什麼都答應，那可能就會陷入無法脫身的困境。現在最重要的是他能平靜的成長。」

家庭對文班來說是非常重要的支柱，他常提到蒂利兄弟（Tillie）作為參照。文班的弟弟奧斯卡從手球轉戰籃球，並接續哥哥的腳步，

先加入楠泰爾青年隊，接著進入艾斯維爾。他的姊姊伊芙在 2017 年在布爾日（Bourges）奪得歐洲 U16 冠軍，曾效力於加萊（Calais）和摩納哥（LF2）。「能夠聚在一起的時間變得很少，而當我們真的聚在一起時，我們絕不會邊看電視邊吃飯，也很少談籃球。我們更喜歡聊天、嘻笑打鬧，還有玩桌遊，像是《四人幫》（Gang of Four）、《拼字遊戲》（Scrabble）、《機密代號》（Codenames）等。」文班說道。

「我們家算得上是運動世家，但我們從來不會給孩子施加壓力，或強迫他們去追求成績，也不會將不屬於他們的夢想投射到他們身上。」他的母親補充說，她在維克多小時候曾是他的教練。「我們對維克多有些保護過度，不想讓他過度曝光。但我們也明白這是不可避免的，事實上他自己處理得很好，讓我們很驚訝，也感到佩服。要說這是意外嗎？其實也不是，這完全符合他的個性。小時候，

「得到個人獎項固然很好，但如果我的球隊輸了，我想我永遠不會滿意。」

——維克多·文班亞馬

他就是所有父母夢寐以求的好孩子。晚上睡得安穩，還非常體貼、溫和，有愛心。偶爾會調皮搗蛋，但真的很少。」她笑著說。

文班的愛好不僅限於繪畫。雖然他的電視連著遊戲主機，但他並不會整晚坐在那裡打遊戲。他的 Instagram 有上萬個訊息邀請，但他幾乎不予理會，反而更喜歡把空閒時間用來讀書，例如安傑·薩普科夫斯基（Andrzej Sapkowski）所寫的奇幻小說《獵魔士》，或是組裝樂高積木。他最近組裝完成的新收藏是：《星際大戰》中的共和國砲艇，由 3,300 塊積木組成。

「跟所有年輕人一樣，我也喜歡玩遊戲和看影集。在新冠疫情期間待在爸媽家裡的時候，我們在閣樓深處發現了一些古老的

寶藏,一臺超級任天堂。雖然裡面的《瑪利歐》(Mario)遊戲壞掉了(笑),但還是玩得很開心。其實,我不喜歡一直盯著螢幕看,所以我不沉迷於遊戲,也不會一天花 8 小時在上面。晚上睡覺前我會讀點書,最近在讀的是道路交通法規。」他笑著說。

即便如此,籃球依然無處不在。在他客廳裡展示的一些樂高作品旁邊,是一個壓克力玻璃櫃,裡頭擺滿著他到目前為止短暫的職業生涯中,已經獲得的獎盃和獎牌。他在 2021 年獲得的最佳年輕球員和最佳防守員的勳章,還有在 U19 世界盃中獲得的銀牌。「得到個人獎項固然很好,但……自從 7 月 11 日後,我每天都會想起那場失敗。如果我的球隊輸了,我想我永遠不會滿意。」他有些不甘的說著,迫不及待的想要抓住下一次機會來彌補這個遺憾。

CHAPTER 12

國家代表隊初登場

"要驚豔全場，不斷驚豔全場"

2022 年 11 月 11 日，18 歲的維克多·文班亞馬在立陶宛迎來他在法國國家代表隊的首次出賽。從來沒有任何一名球員在加入法國國家隊時，能引起這樣的熱情及關注。文班以令人驚訝的成熟和自信，擁抱並承擔了這些期望。

《隊報》頭版專訪，2022 年 11 月 11 日刊登

考納斯（Kaunas，立陶宛）——2022 年 11 月 10 日，機場大廳裡，十幾位當地記者早早就到場等候。這是一個為迎接法國國家隊而設的記者會，特別是為了歡迎其中某一位球員。當維克多·文班亞馬出現的時候，所有的攝影機瞬間抬頭捕捉他的身影（當時官方測量身高為 221 公分）。他戴著耳機，露出一抹笑容，接著直奔巴士，跟著隊伍前往帕聶韋日斯（Panevezys），文森特·科萊特和球員們此行的目的是爭取 2023 年世界盃的參賽資格。

在這支年輕且充滿新面孔的隊伍中，布洛涅－勒瓦盧瓦的前鋒維克多・文班亞馬，開季就以其在聯賽的亮眼表現，以及在拉斯維加斯引發的轟動成為了焦點。年僅 18 歲的他已被寄予厚望，期待他在國家隊中扮演重要角色。他這次的首次亮相，也被視為繼東尼・帕克之後，最受矚目的法國隊新秀。

本次對陣立陶宛的比賽，就像他最近在楠泰爾舉行的新聞記者會一樣會受到密切關注，大批媒體湧入，都只為了探尋這位天才球員的內心世界與他的無限潛力。在效力於維勒班的那個賽季，文班曾接受《隊報》超過 2 小時的深度專訪。以下文字是在立陶宛國際賽事前夕公開露面，及他在 2022 年

2 月那個特別的下午中訪談內容的綜合呈現。當時，我們已經深入的了解了這位年輕人，他超齡的成熟與智慧，也讓人明白，未來無論是在籃球還是整個法國體壇，他都將是不可或缺的一部分。

首次披上藍色戰袍登場

「為國家而戰，會激發你內心深處的力量」

首次以國家代表隊的身分出賽有什麼感覺？

我從青年隊開始就對國家隊球衣有著特殊的感情，這次的動力更是強烈。為國家而戰，會讓你有一種從內心深處湧現的能量。我會努力調整自己，以達到最佳狀態。在國際比賽中，防守至關重要。我希望能為球隊帶來新鮮感和存在感，不會期望自己一上場就像在布洛涅那樣主宰比賽，最重要的是先適應比賽的節奏。當然，最終目標永遠是贏球，不管過程怎樣。

是否曾被法國隊某個特別的歷史時刻所感動？

我看過倫敦和里約奧運。但如果要選一個讓我印象深刻的時刻，那一定是尼古拉·巴頓在東京奧運準決賽對陣斯洛維尼亞（Slovenija）的那次關鍵防守。另一個令我印象深刻的是，我在楠泰爾和艾斯維爾擔任職業球員時，開始與我小時候看到的查爾斯·卡胡迪、安托萬·迪奧特（Antoine Diot）等球員交手或並肩作戰。

在您的心中，法國隊處於什麼位置？您打算每年夏天都回應國家隊的徵召嗎？

國家隊的比賽雖然一年中只有幾個月的時間，但這對我來說依然非常重要，它將永遠在我心中占有一席之地。每次有需要時，我一定會全力以赴，回應國家的召喚。

在 2021 年夏天的 U19 世錦賽決賽中，最終以 81 比 83 輸給美國隊，您個人得到 22 分、8 個籃板和 8 次阻攻。那場比賽對你來說有什麼特別的感受？

我從未在一支球隊、一場比賽中如此投入。當時離比賽結束還有一段時間，我卻因 5 次犯規

「輸球會讓我有點失去理智，內心會有一股無法隨意釋放的澎湃……因為還是要保持文明。」

被罰下場，一切在瞬間崩塌，離夢想僅一步之遙，卻失敗了，真的讓我非常難受。每次回想起來，我的下顎都會不自覺的緊繃。這是一個遺憾，一個我內心需要去填補和修復的空缺。輸球會讓我有點失去理智，內心會有一股無法隨意釋放的澎湃……因為還是要保持文明（笑）。我渴望勝利。之前我拿過不少個人獎項——最佳防守球員、全明星等，這些當然不錯，但如果我的球隊輸了，我就無法感到真正的滿足和驕傲。原因很簡單，因為我不喜歡有人超過我，一點也不喜歡。

這種「內心的澎湃」從何而來？

我認為這是與生俱來的。因為我的父母從未強迫我一定要成為最強的，這完全是我自己的目標。而他們只是一路陪伴和支持我。

他的家庭及童年
「如果我想當律師……。」

您曾經當過足球守門員，也嘗試過柔道。您對籃球的熱情從何而來？

從我有記憶以來，我就一直想要進入 NBA 打球。在楠泰爾 U12、U13 的那些年，我才真正意

「像棋手一樣的籃球員」

「很多父母會把自己的夢想
強加在孩子身上，
但我的父母從來沒有給我壓力。
如果我明天告訴他們
我想放棄籃球，
他們也不會感到失望。」

識到這是我想要追求的目標，而且我也準備好為此努力訓練。我的教練卡里姆·布貝克利啟發了我，他的訓練方式著重在個人發展和技術，讓我懂得什麼叫做自我磨練，什麼叫真正努力。

您的弟弟奧斯卡（效力於艾斯維爾）和姊姊伊芙（效力於摩納哥）也打籃球。您們之間的關係如何？

我們非常親近。當我們聚在一起時，總少不了一頓豐盛的餐點——有時候我會下廚，如果有人指導的話，我就不會搞砸（笑）。但我們從不在電視前吃飯。通常聚在一起時，就會變成桌遊大戰——像《四人幫》、《拼字遊戲》、《機密代號》。

記得 2017 年，伊芙在布爾日獲得 U16 歐洲冠軍時，我們全家

都在現場，真是特別棒的一刻，那是我們家族的第一個重大榮譽。我感到特別自豪，也有點覺得自己被挑釁了——我也得給家裡帶點獎盃回來（笑）。

父母在其中扮演了什麼角色？

很多父母會把自己的夢想強加在孩子身上，雖然我的父母也曾是運動員，但他們從來沒有給我壓力。他們不會因保護我就過度干涉。我很慶幸自己出生在一個平衡且有規範的家中，而不是在一個會阻礙你發展的家庭。即使我想成為律師，他們也會同樣支持我，如果我明天告訴他們我想放棄籃球，他們也不會感到失望。他們既謹慎又尊重我，同時也有著遠大的抱負。

我母親曾經是一名教練，我小時候在她的隊伍中，但她從未試圖把我塑造成一個運動員，而是扮演著母親的角色。我父親曾經是三級跳遠（紀錄 15.56 公尺）、跳遠（紀錄 7.41 公尺）和百米賽跑選手（11 秒）。我曾和他一起在田徑場上訓練，他會陪伴我、糾正我，並教我如何正確奔跑。

夢想中的球員
「創造屬於我的風格」

您覺得歷史上哪位球員最能代表籃球？

麥可·喬丹，其影響力是無人能及的。不過，我也是柯比·布萊恩的忠實粉絲，自從他在 2020 年 1 月 26 日因直升機事故去世之後，我幾乎每天都會想到他。當時他的離開讓我非常震驚。

我非常熟悉他的運動數據和紀錄，但我真正佩服的是他的心態、工作倫理，還有他對比賽的態度和哲學。他的努力和堅持一直是我的榜樣。每當我遇到困難或懷疑自己時，我會想：「如果是柯比，他會怎麼做？」我知道他會更努力。所以，我也會繼續加倍去拚。

「我是個追求個人和
哲學層面自我實現的人。
當我走到人生盡頭時，
不希望
留下任何遺憾。」

哪位球員啟發了您？

我看比賽很少是為了娛樂，而是為了學習，有些球員我會特別留意。像是凱文‧杜蘭特和揚尼斯‧安戴托昆波（人們經常拿文班亞馬和他們比較，同時他也繼承了他們的一個綽號，「法國怪物」，呼應「希臘怪物」），他們的技術、動作、比賽態度，都是我觀察的重點。我會試著從他們身上學些招式，再應用到自己的比賽中。

人們常說您是擁有中鋒身材的後衛，把您和雷夫‧辛普森（Ralph Sampson，身高 224 公分，1983 年選秀狀元）以及傳奇球員賈霸相比。您怎麼看？

說我打球像後衛，其實是低估了我的目標和能力。我希望能在所有位置上發揮，這要取決於對手是誰以及誰來防守我。我希

望能夠勝任各個位置，無論是中鋒還是後衛都能轉換自如，這就是我在提升技術時追求的目標。最終，我只想成為最真實的自己，創造出屬於我自己的風格。

就像您在布洛涅對陣利摩日的比賽中，我們所看到的交叉運球後的單腳三分球？

那其實是我練了好幾個月的招式，完全在我的計畫中。我總是想著要不斷創新。得很多分、抓很多籃板、蓋很多火鍋，這些當然不錯，但對手遲早會找到應對的方法。所以你必須出奇制勝，讓他們無法預測。我希望有一天能成為一個無法被防守的球員、一個能適應所有情況，既能防守又能進攻，就像棋手一樣的籃球員，能預測對手的每一步棋，並且總是能找到破解的方法。

您想成為終極籃球員嗎？

我還是保持著 18 歲的時候的想法，盡量保持謙虛並忠於自己。

但是我有雄心壯志，除了對自己有絕對的信心，我也有自己的信念。我會向偉大的球員們學習，希望能創造出自己的比賽風格和籃球哲學，創造出屬於自己全新的東西。而我絲毫不懷疑，只要選擇了正確的道路，憑藉我獨特的根基，我一定能實現我的目標。

您說的這些目標是什麼？

在短期、中期和長期的計畫中都有不同的目標，大部分我會保留在心裡。當我決定要加入 NBA 時，很快的我也有了想贏得冠軍的渴望。可以分享的是，我打算成為選秀中的狀元（這次訪談是在選秀前 1 年 4 個月進行的）。我不會期望任何低於這個的結果，因為我知道我真的為此努力不懈。

媒體狂熱
「從我出生就為此準備」

您在拉斯維加斯與大都會隊的比賽

中，對NBA G聯盟引爆者隊（G League Ignite）轟下36分和37分，在200名NBA代表的注視下，引起了前所未有的轟動。《紐約時報》和《運動畫刊》（Sports Illustrated）都來巴黎追蹤您的動態。您如何應對這場媒體風暴？

老實說，我適應得挺好的。雖然現在有很多關注和邀請，但對我來說，這已經不是什麼新鮮事了。我從出生就開始為這一切做準備。隨著時間的推移，我設下的目標越來越明確，這反而讓我更專注，也更興奮。我從來沒有覺得自己的注意力這麼集中過。

詹皇稱您為「外星人」，及柯瑞將您比喻成遊戲角色，對您有何影響嗎？

我的生活並沒有因此改變。世界上沒有任何話語會比實現我自己未來的藍圖更有價值或更重要。這些讚美最多只是讓我多了一些媒體訪談（笑），但它們不會給我壓力。我反而覺得，事情越多，

我越能保持專注，這就是我想要的生活方式。

這些期望不會給您帶來壓力嗎？

我試著保持放鬆。我喜歡打籃球，我很開心的享受它。這就是我的風格，放輕鬆、不愛過度煩惱。因為我完全清楚自己的野心和決心，所以我認為發生在我身上的一切都是順其自然的，而我對自己的高要求，剛好與外界對我的期望一致。

已經有數以千計的文章在討論您和您的比賽，其中大多數人甚至沒見過您。您能簡單告訴我們您是誰嗎？

我就是個普通人，一個想要尋求自我實現、成功的人。從個人和哲學的角度來說，我希望當我走到人生盡頭時，能毫無遺憾。我希望完成自己想做的一切，並且活得快樂。好了，現在你應該比我媽還了解我了，你滿意了吧？（大笑）

CHAPTER 13

當文班
遇見尤達

《星際大戰》迷維克多·文班亞馬找到了一位完美的導師
——籃球個人發展教練提姆·馬丁，
還被其他學生戲稱為「尤達大師」。

　　勒瓦盧瓦——突來的吼叫聲劃破了馬塞爾－塞爾丹體育中心空無一人的走道。從維克多·文班亞馬隨後的大笑聲來看，提姆·馬丁在 2023 年 1 月底說出的話，應該沒什麼正經內容，但這並沒有阻止大都會隊的前鋒，他還是穩穩的投進了罰球。為了讓文班亞馬放鬆，馬丁會在訓練時大叫，喊出一個數學算式：「維克，9×2

是多少？」引用一句哲學名言、簡單的一句「用力！」或是問早餐吃了什麼，甚至乾脆自己跳到場上……馬丁總是用各種搞笑方式來測試文班亞馬的專注力。

　　這只是這位美國教練（2023年夏天時 36 歲）如魔術方塊一般複雜的訓練方法其中一面。他專攻籃球的個人發展訓練，並被他的 NBA 弟子們：尼克·克拉克斯

頓（Nic Claxton）、PJ‧華盛頓（PJ Washington）、邁爾斯‧透納（Myles Turner），泰瑞澤‧馬克西（Tyrese Maxey）都叫他「尤達」。自 2020 年以來，馬丁就贏得了文班亞馬的信任，不僅僅是因為這位新任馬刺隊球員是《星際大戰》的狂熱粉絲。

「尤達？」這位來自達拉斯、體能狀態極佳的三十多歲男人笑著說，「球員們這樣信任我，讓我

很感動，但我不把自己看成什麼大師。我只是個努力工作，並且堅信每天都能學到一些新東西的人。」而這位教練的堅韌和力量，是在一段坎坷的童年中培養出來的。

當我們早些時候走進塞爾丹運動中心時，看到馬丁正快速的在筆記型電腦上打字，文森特‧科萊特則在指導來自凡爾賽的文班亞馬熱身。休息時，馬丁拿起智慧型手機，對文班亞馬快速講

解。「我做了很多筆記，讓球員知道並了解自己哪些方面需要改進是很重要的事——不管是上籃的效率，還是投籃的方式。」馬丁解釋，「我關注的不是他是否投進，而是他如何出手。如果投太短了，我會檢查他的腳步、臀部、姿勢，還有手在球上的位置、手肘的角度……我們尋找的是模式，以及反覆出現的技術性錯誤，讓他意識到這些，才能建立良好的習慣並更快速的進步。就像建築師一樣，我們在搭建基礎。」

這兩個人的關係是在 3 年前新冠疫情期間，透過 Zoom 所建立的。第一次見面就直接進入高強度訓練，包括腳步動作和一個挑戰：「在 10 分鐘內投進 100 顆三分球。我記得他快要暈倒了。」這位絕地大師微笑著回想，「我想測試他的極限，那天沒有任何休息時間，我學會了法文的『加油！加油！加油！』（allez, allez, allez）（笑）。他那天大概投進了 70 顆吧。後來他已經可以投進全部 100 顆了。」從那次開始，兩人的連結越來越緊密，尤其是在夏季訓練的時候。例如 2022 年夏天的達拉斯，文班在那裡和馬丁一起度過了 3 個禮拜，而馬丁每年夏天都會在 ComSport 的訓練營工作，也曾指導過魯迪·戈貝爾。

有時候馬丁的訓練方法並非正統，但對文班亞馬很有用。「維克多的智力在另一個層次。他很懂得生活，我喜歡他的思考方式。他有點古怪，跟我一樣，這是稱讚的意思。我看世界的方式跟大多數人不太一樣，我專注在細節，也熱愛藝術。我的外祖父是一位畫家。」他回憶道，他在訓練時既會播放巴哈（Bach）和貝多芬（Beethoven），也會播放艾爾·格林（Al Green）或者艾瑞莎·弗蘭克林（Aretha Franklin）的音樂。

「聽著激烈的嘻哈音樂，比如德瑞克（Drake）的歌進行熱身，很快就能讓自己熱血沸騰。但你能不能在古典音樂或更柔和的頻率中找到自己的節奏？」

他還從其他運動中汲取靈感來豐富他的訓練方法。「我喜歡拳擊，因為它能訓練靈活的腳步。如果你在運球時像拳擊手一樣移動，防守者就很難預測你會往哪個方向突破。」

馬丁出生於一個由非裔美國父親和波西米亞母親所組成的家庭。父親從事音樂工作，但他從未在馬丁的人生中出現。直到高中他才知道，父親曾是嘻哈傳奇2Pac 和 NWA 組合的巡演經理，母親在年僅 20 歲時就有了他。馬丁出生時被安置在寄養家庭，直到 2 歲時，母親把他接了回來。從那時起，他童年就充滿了變動，12 年間輾轉於 11 所學校。搭著露營車，穿梭於猶他州（Utah）、新墨西哥州（New Mexico）、科羅拉多州（Colorado）和亞利桑那州之間的美洲原住民保留地「四角落州」（Four Corners）。這樣多變的成長經歷，深刻影響了他如今的生活哲學和作為教練的理念。

「在成長過程中，我接觸過許多文化和宗教，這些經歷深深影響了我。在學校裡，我經常被欺負，因為我是混血兒，對白人來說不夠白，對黑人來說不夠黑。我一直尋找自己的定位。我曾因為父親不在身邊而感到憤怒，直到我兒子出生。」籃球成了他的一個出口，最終變成了一種刻在骨子裡的熱情。「籃球是我唯一在各地都保有的朋友，我把大部分時間都花在體育館裡，徹底迷上了這項運動，我就像個瘋狂的科學家，對我的學生們進行各種實驗。」

不幸的經歷並沒有就這樣結束。2013 年，他與兒子的母親分開時，25 歲的馬丁變得無家可歸。他熱愛閱讀，花了好幾個下午坐在巴諾書店（Barnes and Noble）的書架間，不斷的閱讀小說、自我發展的書籍（拿破崙·希爾〔Napoleon Hill〕的《思考致富》〔*Think and Grow Rich*〕），或是某知名教練的回憶錄。他還經常在YouTube 上看一堆籃球世界盃的訓練營影片。從 15 歲開始的個人教

「人們常說『天空是極限』，但這不對。
他的潛力是無限的。
超越天空後，還有整個宇宙等著他去探索，
不是嗎？」

——提姆·馬丁，文班亞馬私人教練

練事業，雖然讓他有機會結識了崔·楊（Trae Young）以及一些獨行俠隊的球員，像是德文·哈里斯（Devin Harris）、賈許·霍華德（Josh Howard），生活因此有了一些起色，但仍不足以讓他維持生計，他只能睡在車子的後座，在工作場館裡洗澡和刷牙。

直到他遇到一位名叫格蘭·馬史地（Glen Mastey）的銀行家。「他是我在小學球隊擔任教練時，其中一個孩子的家長。他聽說了我的情況，開給了我一張 600 美元的支票。對於當時的我來說，那筆錢相當於 100 萬美元。他帶我到他的辦公室，教我如何把我的專業知識變現，還幫我找了一間公寓，並作為我的擔保人。這改變了我的人生。」

而現在，則是他一點一點的改變著維克多·文班亞馬的生活，並不會為他設限。「人們常說『天空是極限』，但這不對。他的潛力是無限的。超越天空後，還有整個宇宙等著他去探索，不是嗎？還有那些很遙遠，非常遙遠的星系呢（笑）。」喬治·盧卡斯（George Lucas，《星際大戰》導演）一定會喜歡最後一句話。

CHAPTER 14

艾斯維爾：
錯失的相遇

維勒班，擁有 21 個國家冠軍的球隊，與文班亞馬原本是天作之合，應該可以共同成長。由法國籃球歷史上最偉大的球員東尼・帕克擔任主席的這支球隊，成功招募了這位最具潛力的新秀，但最終卻沒能留住他。

這是一個錯失的相遇，動搖了法國職籃史上最成功球隊——艾斯維爾——的計畫與聲譽。時間回到 2022 年總決賽的前夕，在這場扣人心弦的局勢中，維勒班以勝場數 3 比 2 戰勝摩納哥，最後的加時賽以 84 比 82 奪得勝利。這場勝利無疑是輝煌的，且具有歷史意義，自 1988 年至 1990 年的

利摩日隊以來，再未見如此壯舉。然而，這一切卻被一則壞消息所掩蓋。

當時東尼・帕克帶領的團隊正如火如荼的為法國籃球甲級聯賽，以及歐冠聯賽兩場比賽做準備。當文班宣布離開球隊時，他其實還有一年的時間可以選擇是否留下。這個消息猶如一顆炸彈，

「如果維克多在艾斯維爾有出色的表現，這對大家來說都會是個好消息。但如果以更宏觀的角度來分析，今天的結果是無可避免的。」

震驚四方。儘管球隊獲得了冠軍，但文班亞馬卻因傷病而沒能參加決賽，只在隆河地區（Rhone）待了一個賽季，期間多次受傷（重感冒、手指骨折、肩胛骨及腰大肌受傷），表現未能達到預期。

回顧過去，這選擇無可厚非。重返法蘭西島後，維克多・文班亞馬不再參加歐冠聯賽或歐洲盃。但他成為了球隊的核心人物，這正是他在進軍 NBA 前最後一個賽季所尋求的。在艾斯維爾時，他在 16 場比賽中，場均 18 分鐘得

到 9.4 分和 5.1 個籃板，而轉戰到布洛涅－勒瓦盧瓦時，他就成為大都會隊的核心，主宰了 2022~2023 賽季和法國甲級聯賽。這一年，他榮獲了 MVP、最佳得分手（場均 21.6 分）、最佳籃板手（場均 10.4 個）、最佳阻攻王（場均 3 次阻攻）、最佳年輕球員和最佳防守球員的稱號。他那時剛滿 19 歲。隨著他在 10 月初於拉斯維加斯的兩場表演賽（分別得到 36 分和 37 分）大放異彩，再加上 11 月他在法國國家隊的驚豔首秀，他的媒

體影響力迅速飆升。

每次當他面對老東家時，他似乎總有著超乎尋常的動力。比如 2023 年 1 月 9 日在勒瓦盧瓦，他在比賽中拿下制勝的一球（84 比 83）。甚至在季後賽的四強戰，他直接淘汰了三連冠的艾斯維爾，與他的好友比拉爾・庫利貝瑞一起，讓他所屬的大都會隊殺入決賽，這個結果既令人驚喜又充滿甜美的復仇意味。彷彿在傳遞一個訊息：

艾斯維爾是如何在由東尼・帕克擔任主席的情況下，讓法國籃球史上最偉大的天才從指縫間溜走的？

艾斯維爾，是道無解方程式

雙方都不會承認彼此有任何的嫌隙。帕克和文班這兩個人，從現在起因為聖安東尼奧馬刺隊而產生了更緊密的連結，甚至在 7 月初時一起開心的在帕克位於德州的住處觀看法國 U19 世界決賽

（最終輸給西班牙）。自從文班亞馬離開艾斯維爾後，對這支球隊始終保持著尊重。畢竟艾斯維爾為他的成長提供了豐富的資源，包括兩間公寓和一個專門的團隊，為他提供體能和籃球訓練，還有醫療團隊和營養師來照顧他。

2022 年 6 月 18 日，東尼・帕克在《進步報》（Le Progrès）上公開表示，「非常希望能留下維克多」，並且會親自參與其中。最終還是徒勞無功。6 月 26 日，在艾斯維爾贏得第 21 座冠軍的第二天，雙方的分手已成定局。為什麼文班亞馬要選擇離開？如果他留在隆河區，會像在大都會隊一樣閃耀嗎？答案不言自明。

擁有巨額預算和歐冠聯賽的五星級陣容，艾斯維爾不可能只圍繞著文班亞馬一個人轉。而且在歐洲籃球聯賽的賽季開始時，要安排一次拉斯維加斯巡迴賽是非常困難的，至於加入法國國家隊的機會，初步來看也幾乎不可能。「成為為我打造的團隊核心，

是我來到這裡的重要原因之一。」文班亞馬在 2022 年 9 月底的國家籃球聯盟媒體日上如此說道。一位深知內情的觀察家解釋：「這是 3 個相互矛盾的計畫碰撞在一起：東尼·帕克和艾斯維爾的目標是贏得歐冠聯賽；年輕教練東尼·帕克想要證明自己的能力；而文班亞馬這顆潛力新星還在成長中。如果維克多在艾斯維爾有出色的表現，這對大家來說都會是個好消息。但如果我們以更宏觀的角度來分析，今天的結果其實是無可避免的。」幕後也傳出了有一些誤解、未兌現的承諾，以及對球隊中定位的不滿，這些因素都引發了他與帕克之間關係緊張。

「每次他上場時，表現都非常出色。」教練回憶道，「但他時常缺席讓情況變得很困難，因為你需要重新安排戰術，而訓練一個球員融入又需要時間。但他和我之間從來沒有問題。我們錯過了什麼嗎？當然，總是有進步的空間，但我們已經盡了全力，而且我們

也不能鑽進他的腦袋替他做決定。原本的計畫是第一年慢慢發展，然後第二年再擔任重要角色。很遺憾他對我們的信心不足所以選擇離開。但不管他去哪裡，他都會成功。而無論如何，這對法國籃球來說都是一件好事。」

巴黎：破滅的希望

那份文件至今仍深藏在卡潘提耶體育館（Halle Georges Carpentier）某辦公室的櫃子裡，避免再次觸發那段創傷的記憶。

在這份由 ComSport 經紀公司發給巴黎籃球隊的文件中，包含了一份合約及確認文班亞馬的加盟細節。這個由美國人大衛·卡恩（David Kahn）於 2018 年創立的年輕組織，起初確實被視為是最理想的目的地，儘管歐洲冠軍聯賽的球隊們、他的母隊楠泰爾試圖召回他，以及 G 聯盟引爆者隊開出 7 位數薪水的邀約，都未能成功吸引到他。

5月間得知這消息後，儘管這支巴黎的球隊並不具備艾斯維爾的預算和設施，但還是竭盡全力試圖達成條件，同時對這個競爭激烈且不確定的敏感議題保持謹慎。巴黎隊具備理想的條件──一支年輕且極具潛力的球隊，並由以培訓品質著稱的教練吉恩－克里斯托夫・普拉（Jean-Christophe Prat）指導。再加上巴黎在行銷方面處於領先地位，還提供了一個理想的環境，讓文班亞馬成為巴黎籃球的代表，然後前往美國。普拉跟這名球員進行了兩次視訊會議，但這還是無法阻止文班亞馬在最後時刻選擇轉向勒瓦盧瓦。為什麼會這樣？普拉和大衛・卡恩都表示「無可奉告」。巴黎籃球隊的主席對於錯失這顆鑽石一直心有不甘，拒絕再次提及此事。

布洛涅：科萊特，不可思議的反轉

大都會隊究竟是怎麼成為選項之一的，至今仍是個謎，特別是

> 「和文森特一起是很關鍵的因素。他是法國最偉大的教練，也是尊重我職業規畫的人，對於引領我走向選秀舞臺，他是最合適的人選。

在 2022 年春天，這支球隊是否能繼續生存下去都無法確保。當時，勒瓦盧瓦市政府曾威脅要把他們從馬塞爾－塞爾丹趕走，布洛涅則考慮撤出資金，而他們自己的體育場計畫也陷入僵局，同時還伴隨著與巴黎隊以及楠泰爾隊合併的傳聞，最終這些都沒有實現。當得知文班亞馬有可能加入的時候，大都會隊的教練兼法國國家隊教練文森特·科萊特簡直驚呆了。畢竟，他原本打算離開大都會隊，甚至連辭職信都已經請律師擬好了。

「當時我們甚至都沒想到要去打聽情況。」他笑著說，「那是法國國家隊集訓的第一天（2022年 6 月 24 日）。我已經通知球隊我要離開了。後來我接到布納·恩迪亞耶的電話，他告訴我他剛和維克多及其家人開會討論，維克多希望能和我一起去大都會隊。我與維克多通了 1 小時的電話，直到這時我才真的相信。這是一個雙重的機會：對我來說，可以與法國籃球史上最有潛力的新星一起工作；對國家隊來說，也能加速他融入球隊的過程。畢竟，我們早已預期他會在國家隊中占據舉足輕重的位置。」

最終的決定？有些人認為這是一場由文班亞馬經紀人精心策劃的權力遊戲，畢竟他們旗下除了文班亞馬，又有科萊特，以及其他大都會隊球員，像是貝松（Hugo Besson）、庫利貝瑞等，還有巴黎籃球隊選中的兩名球員尤漢·貝加林（Juhann Bégarin）和伊斯梅爾·卡馬加特（Ismaël Kamagaté）。也有人認為這是基於環境的選擇，因為這支球隊的陣容完全是為了圍繞著文班亞馬打造的，同時還可以日夜受益於科萊特的專業知識指導。

「和文森特一起是很關鍵的因素。」文班亞馬在國家籃球聯盟媒體日上說道，「他是法國最偉大的教練，也是個尊重我職業規畫的人，對於引領我走向 NBA 選秀舞臺，他是最合適的人選。」然而，事情真的有那麼簡單嗎？

高難度挑戰

「身高超過 220 公分確實有其不可否認的優勢……
但也有不小的麻煩。」
聽文班亞馬的骨療師
帕特里克·巴塞娓娓道來，
他也曾在東尼·帕克的職業生涯中照顧過他。

　　「10 億次。」這是維克多·文班亞馬自己估算，被問到長這麼高是什麼感覺的次數。223 公分的身高，比一扇標準的門還高出 20 公分，打籃球時這可能是一個優勢，不過這也可能在動作和協調上帶來很多挑戰……但這位聖安東尼奧馬刺隊的大前鋒，成功克服了這些理論上的障礙，並將其轉化為自己的優勢，就像他在許多其他領域做的一樣。此章節由他的骨療師──帕特里克·巴塞（71 歲）進行解析，他曾在東尼·帕克整個職業生涯中跟隨東尼，也在他的診桌上接待過魯迪·戈貝爾和埃萬·富尼耶，未來將會定期前往德州，為他的這位新患者進行持續的身體護理。

　　帕特里克·巴塞解釋：「高個子本身就帶有優點和缺點。我們需要確保這些優勢不會成為劣勢，並且反過來將劣勢轉變為優勢。一般來說，『高個子』的生理成熟較晚，在運動表現上也可以觀察到這點。這可能對運動、生物力學和身心協調方面出現一些挑戰。比方說手臂，就像槓桿一樣。手臂越長，要舉起相同重量所需的力量就越大，動作也變得更困難。高個子也更容易有小骨折──像蹠骨、掌骨等。在場上的動作可能會有問題，需要靠發達的三維視覺來彌補。過於快速的生長過程可能會影響動作的精確度和平衡（因

為重心較高），並導致肌肉鏈的不穩定，甚至是手眼協調與四肢的配合。

　　「但這些都是理論的概念。每個人的發展速度不同，每個案例都是獨特的。而維克多確實與眾不同⋯⋯我對他採用了曾用在東尼・帕克身上的方案。這個系統在 30 年間不斷的改進，就像在發掘足球或籃球天才一樣，是一種專門用於檢測和預防自我傷害的系統。包括了定期與他進行技術訓練，以及與整個團隊的協作工作，涵蓋訓練、體能準備、心理鍛鍊、飲食管理和生理數據分析等方面。

我已經照顧他 3 年了。當你接手一個 16 歲的患者時，你很清楚他還在生長中，所以你必須調整工作方式，幫助他在最理想的狀況下完成生長，讓肌肉骨骼系統在每個階段都保持一致。因為如果骨頭和組織之間不協調，那就會有問題。一旦完成了初步檢查，你就可以確定要優先評估的區域。這就像是一種化學反應，一個需要慢慢拼湊的拼圖。有了這一切努力才得以讓今年這個賽季順利的進行。

　　「我們必須根據不同體型和目標來建立標準，這裡的目標是

★文班這麼說★

　　10 歲時，我的身高就超過 190 公分，比其他人高出幾個頭。儘管如此，我一直試著不讓身高成為我與眾不同的原因。我希望能和別人站在同一個起跑點上競爭。我努力像那些身高普通或較矮的球員一樣提升自己。很小的時候，我就嘗試在球場上勝任每個位置。如果你看過我的比賽影片，你就會看到我從小就在場上從一端跑到另一端，或者完成一些精巧的上籃。

提升運動表現。在籃球中，任何細微的缺陷都會影響球員在沒有持球時的表現，還有接球的穩定度和動作執行的速度。簡而言之，一名高水準的運動員必須學會接受自己的身高，理解並將其調整至他想要實現的目標。手臂和腿之間的運動協調，大部分都是由大腦控制的。在這方面，維克多就像在籃球場上一樣，是特殊的。

他的大腦反應非常出色。他不僅聰明，還能主動掌控自己的身體狀態。他能夠做到的那些動作——無論是運球、低位動作、單腳跳投——都不像傳統中鋒會有的技巧（笑）！這使他更加獨特。」

「將劣勢轉變為優勢」

——帕特里克・巴塞，骨療師

CHAPTER 15

大都會92：藍色夢幻球衣

從大都會 92 隊的淺藍色球衣到國家隊的藍色球衣，
文班亞馬在布洛涅－勒瓦盧瓦的最後一年，
在法國籃球史上最優秀的教練、同時也是法國國家隊總教練的
文森特・科萊特指導下完成了訓練，
並為他進軍 NBA 之路搭建了理想的橋梁。

一個刺耳的旋律響起，90 年代美國西岸嘻哈經典歌曲，華倫 G（Warren G）的〈Regulate〉，迴盪在勒瓦盧瓦的馬塞爾－塞爾丹體育館。場上，維克多・文班亞馬修長的身影靈活的在薩沙・吉法（Sacha Giffa）、史蒂夫・何佑發（Steeve Ho-You-Fat）和吉恩－保羅・貝松（Jean-Paul Besson）之間穿梭。這次的訓練目標是擺脫防守的技巧。拿著球，在三分線後突破防守他的球員，閃現到籃框附近，接著將球高高拋向空中。文班亞馬騰空而起，左手抓住籃框，然後將右臂深入籃框直到肘部，就像文斯・卡特（Vince Carter）在 2000 年 NBA 灌籃大賽上的經典動作。這個賽季期間的

「他就是注定要成為明星的。
我第一次見到他時，
正好是國家隊的國際賽期間，
那年他才 14 歲，
讓我感到極為震撼。」

——文森特・科萊特，法國國家隊總教練

每一週，布洛涅－勒瓦盧瓦的內線球員都會進行多次的個人訓練，除了團隊練習、體能訓練外，這也是文班亞馬準備前往美國征戰的計畫之一。

為了能夠更接近被稱為「教授」的法國國家隊教練，同時也是世界上最優秀的籃球戰術大師和培訓專家之一的文森特・科萊特，文班亞馬選擇了布洛涅－勒瓦盧瓦。而原本打算要離開球隊的科萊特，為了能夠培育法國籃球史上最具潛力的希望，決定留在球隊。

「他顯然就是注定要成為明星的。」教練深深的嘆了一口氣說，「我第一次見到他時，正好是國家隊的國際賽期間，那時他才 14 歲，讓我感到極為震撼，一個這麼高的孩子，卻能這麼自如的操控籃球。我們一起進行的訓練就像彈鋼琴的基礎練習一樣，儘管他的基本功已經很扎實了，還是可以多多磨練。不同的是他天賦異稟，比我之前曾帶過的任何球員都還要有天賦。這不僅建立了我們之間的關係，也讓我們彼此成長。我們討論他在場上的角色，探索他的比賽風格，並且互相學習，我也從中發現了很多事。訓練一個天才並不是件常見的事，

況且他不是只對籃球有天分而已，需要採取不同的訓練方式。他的優點很明顯，除了身體條件、運動能力外，還有他自己的個人計畫、強烈的意志和自主性。這些都必須考慮在內，我們要給他自由，同時試圖引導他做出更準確的決策，讓他不斷進步。他就像他的偶像柯比·布萊恩一樣，總是渴望學習、理解，並且想知道自己為什麼要做這些事情。而我們也試圖讓他感受到每一個動作背後的意義。

訓練期間，科萊特會特別花時間逐一拆解並親自示範每個位置的動作和站位，讓文班亞馬能夠深入理解，並明白如何在特定空間中充分發揮自己的優勢主導比賽。「你看，這就像橄欖球中的假動作突破。」這位曾帶領勒芒（Le Mans，2006 年）和艾斯維爾（2009 年）奪得法國冠軍的教練在兩個訓練動作的間隙解釋道，並詳細說明了擋拆戰術的細節——進攻和防守的策略，就像阿根廷球員法昆多·卡帕佐（Facundo Campazzo）

和西班牙球員塞爾吉奧·羅德里格斯（Sergio Rodriguez）的戰略，以及他們與內線球員的配合。「鮑里斯·迪奧以前也很擅長這個。」教練說，「你必須掌握這些，學會何時該出手、何時不該。」

這些在體育中心內進行的個人訓練，讓這位出生於勒謝奈的球員得以學習他喜愛的籃球細節及比賽的精妙之處，也是他成長的核心動力。這也是他選擇放棄艾斯維爾和歐洲籃球聯賽的原因之一，因為這些高強度的比賽節奏，會讓他幾乎沒有機會進行這類的個人訓練。「他剛滿 19 歲，這個年紀正是快速進步的時候。跟比拉爾·庫利貝瑞一樣，令人驚豔。」科萊特說，「在 2023 年 1 月至 2 月期間，他每場比賽會有 7 到 8 個糟糕的投籃。而且在狀況不好的時候，他不會好好的選擇出手時機。他投得太多，而且出手太快。但當他有耐心且努力靠近籃框時，就幾乎無法被防守，根本攔不住。矛盾的是，即使在困難的情況下，

他也能夠憑著五花八門的技術來取得成功。然而，雖然他的單腳三分球或是遠投轉為空中接力灌籃等這些華麗的動作，也給我留下了深刻的印象，但這不是決定他將來會成為什麼樣球員的標準，

我們不能只根據這些來評論他。」

維克多・文班亞馬的目標，是成為像他在社群媒體上標籤所形容的那樣——「Out Of This World」，成為一個「超凡脫俗」的存在。這個標籤讓人聯想到勒布

「他身高223公分，但不意味他只能待在禁區。他的控球技術非常出色，籃球智商也極高，這幾乎讓人認為他可以打控球後衛。」

——文森特・科萊特

朗・詹姆斯在2022年10月拉斯維加斯巡迴賽後，用「外星人」來形容他的說法。簡單來說，文班亞馬渴望成為一個全能型且獨樹一格的球員，雖然自然而然會覺得他的角色是大前鋒，卻能在任何位置上發揮出色，並能應對任何防守上的挑戰。這就是文森特・科萊特以及現在聖安東尼奧馬刺隊教練格雷格・波波維奇所努力的方向。

「你不能只用內線打法或三分球來定義維克多。」法國國家隊的教練補充道，「他的多功能性才是他真正的強項。他必須學會在正確的時刻打出最關鍵的一張牌。我曾經開玩笑說他可能會在法國隊打小前鋒，但事實上，這並不是不可能的。他身高223公分，並不意味著他只能待在禁區附近。他的控球技術非常出色，籃球智商也極高，這幾乎讓人認為他可以打控球後衛。現代籃球中，控球後衛通常是球權最多的球員。然而在現代比賽中，這個角色經常落在大前鋒身上。說我們要把維克多培養成終極球員可能有些自負。但我的目標是幫助他成長，讓他為未來做好準備，無論是明年還是未來的每個夏天。」

是的，科萊特和文班亞馬的命運緊密相連。不僅是因為他們在這個賽季帶領大都會隊，從一無所有到幾乎達到顛峰的成就，還因為他們在法國國家隊中即將面對的挑戰。儘管文班亞馬無法參

加 2023 年世界盃，對科萊特來說是一個沉重的打擊，但不會影響這位球星的真正目標——在 2024 年巴黎奧運奪冠。屆時，經過一個 NBA 賽季的歷練，文班亞馬將在比賽中成長得更多，成為球隊的核心。這位球員毫不掩飾自己的雄心。法國隊是他個人計畫的核心。作為曾在 2021 年 U19 世界盃決賽中以 81 比 83 惜敗的球員，他坦然承認，自己夢想著在奧運決賽中「擊敗美國隊」。

布洛涅－勒瓦盧瓦不僅因此成為他成長的實驗基地，也成為了法國國家隊未來的孵化器。「我們的關係至關重要，因為命中注定，他最終也會像在大都會隊一樣，成為法國國家隊的領袖，就像東尼・帕克那樣。我經常和他談到領導力，除了要能夠成為有高水準表現的球員，還要能帶動整個球隊隊友提升。他這個賽季的進步已經超出了我們的預期。這對法國國家隊來說將大有幫助。至於他的加入是否會讓我們成為奧運的奪冠熱門？其實在他加入之前，我們就已經是有力競爭者了，所以無論如何，我們都還是會被貼上這個標籤。」重要的是，要讓這個標籤貼得越久越好。

「從未見過如此完美主義的人」

文班這麼說

「文森特帶給我什麼？就是 2022 ～ 2023 整個賽季所發生的一切。我個人的成績出色，同時也帶來了團隊的勝利，這對我來說是最重要的。還有適應不同對手以及保持穩定的能力。他做的事情是我以前從未見過，無論是在技術和戰術分析上的完美主義。這是我在法國最後一年間能夠遇到的最佳教練，同時讓我在領導力和承擔責任方面有很大的進步。我不知道在聯賽歷史中，是否有人像我在大都會隊中承擔過這麼多責任，但文森特教會了我如何面對這些壓力，並幫助我成長。」

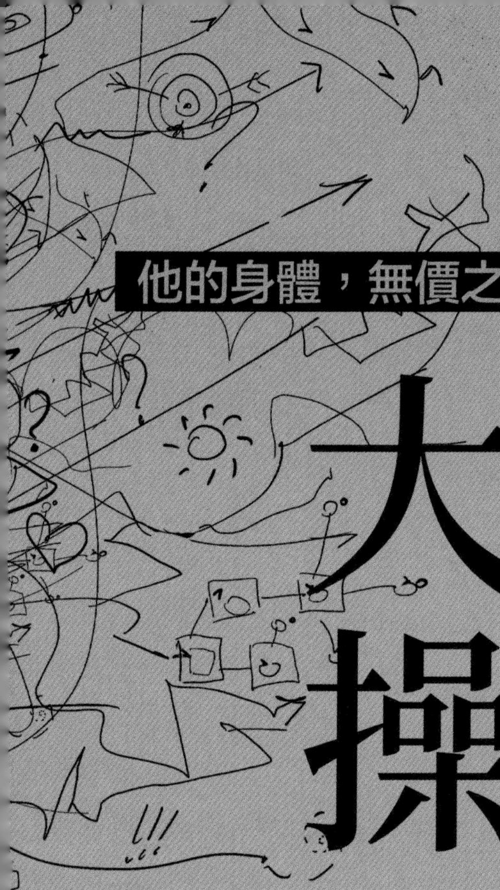

他的身體，無價之寶　5

大腦操控者

**光他那異於常人的身材，
還不足以解釋文班這彗星般的崛起，
他的大腦似乎也比其他人運轉得更快，
更與眾不同。**

「英文？他是在睡覺時學會的！」布納．恩迪亞耶笑得前仰後合。其實，文班的經紀人也不全是在開玩笑。「我問他怎麼能把英文掌握得這麼好，他就是這麼回答我的。他的意思是，感官和記憶隨時都在工作，白天吸收知識，晚上進行消化。」第一次聽到文班用精確的英語流利對話，那美式的捲舌音，幾乎聽不出任何法國口音，真的很難想像這個年輕人從未在美國生活過。

　　當文班亞馬在 2022 年 10 月於拉斯維加斯進行的大都會表演賽時，脫口而出：「如果我沒出生，史庫特・亨德森應該會是選秀狀元。」這番話讓美國記者們驚嘆不已，這個年輕人怎麼會這麼有自信和機智？

　　根據他周圍的親近人士，以及我們與他的訪談中可以看出，文班不僅僅在球場上有優勢，他也具備罕見的智慧，並懂得將這份智力用於提升自己的運動表現。「做自己，做與眾不同的事。」是他一直堅守的信念，也是他自認深藏於內

「我希望自己永遠不會停止
學習。我熱愛學習和嘗試新
事物。」

——維克多‧文班亞馬

心的一部分。

　　布萊恩‧喬治，文班亞馬在楠
泰爾 U15 時期的教練，曾在亞特
蘭大老鷹隊擔任影片助理教練，回
想起這名學生曾將手機的語言改為
英語。「他告訴我，如果要學習這
個語言，那就應該在日常生活中使
用它。當時他才 13 歲……」喬治
回憶道，至今他仍感到很驚訝，後
來文班亞馬被任命為隊伍的「情感
領袖」，因為他能與隊友們建立深
厚的連結，並將大家凝聚在一起。
「他能打動每一個人。在隊伍情況
不佳時，他會主動去安慰隊友。遇
到裁判問題，他總是第一個出來調
解。如果我被判了技術犯規，他還
會過來安撫我（笑）。他是個很直

接又很真誠的人，這樣的特質很有
感染力。他需要這種環境來滋養自
我並茁壯成長。他週末甚至還會主
動提出幫忙記錄比賽得分，一般孩
子們都會想方設法躲開這種事！我
還開玩笑問他：『你得了什麼絕症
嗎？還是你是想做好事、積陰德、
上天堂？』」（笑）

　　「他總是先想到別人，才會
想到自己。這對他來說已經成為第
二天性了。」布納‧恩迪亞耶解釋
道，「就像他在選秀時公開支持並
積極推動好友比拉爾‧庫利貝瑞一
樣。但他從小就是這樣，這一點讓
人很驚訝。我從未見過這樣的人，
特別是在這個超級明星常常帶有一
點自我中心的世界裡。」

他高中的法語老師弗朗索瓦·薩拉（François Salaün）在 2022 年 10 月接受《紐約時報》記者塔妮亞·甘古利（Tania Ganguli）採訪時，分享了一個令人驚訝的故事。當時他要求學生們寫一篇關於實現夢想的作文，多數熱愛籃球的學生們很快就寫下了三個大寫字母：N.B.A。而文班亞馬卻和另一個同學合作寫了一篇名為《愛麗絲與朱爾斯》（Alice et Jules）的短篇小說。故事講述了一對伴侶，因朱爾斯酒駕車禍陷入了昏迷而分離，最終命運還是讓這兩個靈魂重新團聚。

一位親近的人透露，文班亞馬在吹完他第三根生日蠟燭後不久就已經識字了。他性格開朗，口才了得，在整整兩個賽季以職業運動員緊湊步調生活的同時，他還提前一年以優異的成績取得高中文憑，當時選修生命科學和經濟社會科學。他在 2021 年 9 月表示：「我希望自己永遠不會停止學習。我熱愛學習和嘗試新事物。」

「雖然他學得很快，但也別把他當成愛因斯坦。」他在楠泰爾的第一位教練弗雷德里克·多納迪厄笑著說，「他在籃球上也曾經歷過艱難時期。但即便他僅僅 10 歲，你也能感受得到他的成熟。他謙虛、有禮貌、教養很好，說話時會看著你的眼睛。和他在一起時，可以跟他談論除了籃球以外的事情，有真正的交流。他在這方面真的很『非凡』。」

「他在各方面都領先，無論是洞察力還是分析能力。」他的經紀人傑瑞米·梅賈納說，「19 歲就有這樣的成熟度非常罕見。對他來說，生活就是一場遊戲。如果沒有這種心態，他就無法找到自己的節奏。」

桌遊高手

是的，遊戲在他的生活中無所不在。無論是每年與家人團聚時——他的姊姊伊芙是職業籃球選手（2017 年 U16 歐洲冠軍），他

的弟弟奧斯卡在選擇籃球之前曾接觸過手球——還是與隊友或教練一起時，文班亞馬都很喜歡玩桌遊。布萊恩・喬治提到了幾個他常玩的遊戲：「《七大奇蹟》（7 Wonders）、《誰是臥底》（Undercover）、《機密代號》、《四人幫》、《騙子鴿子》（Pigeon Pigeon）。對他來說，遊戲不僅僅是娛樂，也是他磨練策略思維和建立團隊關係的方式。

他喜歡思考、解決問題和推理，無論是破案還是解方程式，他總是表現得既有競爭力又充滿天賦。他很快就能掌握遊戲規則，並在遊戲中巧妙運用這些規則，時不時做出令人意想不到的驚人之舉。這和他在籃球場上的表現如出一轍，充滿著創意和策略，讓人無法預測他的下一步。

樂高、繪畫、藝術，以及英雄奇幻小說——他熱愛閱讀這些文學經典，加上音樂，從貝多芬到饒舌歌手 Freeze Corleone 和 Alpha Wann，還有 Damso、Booba 或是 1990 年代的 R&B，這些都是他在 2022 年列舉的愛好——他的興趣範圍幾乎和他張開雙臂一樣寬廣。但是，即使擁有如此出色靈活的頭腦，加上在他熟悉的勒謝奈，有一個既充滿關愛又嚴格的家庭環境，文班亞馬還是可能（甚至應該？）在眾多讚美與鋪天蓋地的媒體關注下情緒失控吧？事實恰恰相反。在他 16 歲，面對 2021 年國家籃球聯盟媒體日的 70 位記者時，非但不緊張，看起來還怡然自得，並且露出真誠的微笑，回答簡潔又明瞭，甚至還不忘跟在場的人開玩笑。

四川花椒和單腳三分球

「有一天，我們在餐廳吃飯，他吃到一個東西突然皺起眉頭。」布納・恩迪亞耶回憶道，「他問我知不知道四川花椒，說他剛咬到一顆，接著就開始滔滔不絕的講了 5 分鐘，解釋這個亞洲香料為什麼會有如此獨特的風味。有時候他會和我聊起天體、半寶石，像是他選秀

那天穿戴的鉍。他的解釋經常讓我聽得一頭霧水（笑）。不用多說，他確實是個天才。他能看到我們看不到的東西。如果你把這種智慧應用到高水準的運動中，也會產生效果⋯⋯你們看到他做的很多動作，都是他刻意練習的成果。那個單腳三分球？他練了好幾週，因為他認為沒有人像他這麼高還能做到這個動作，一旦練成，將沒有人能夠阻擋他。」

文班的智慧，柯比的精神

文森特也一樣認同，這名大都會兼法國國家隊教練，整個職業生涯都致力於培養年輕天才，甚至因此得到了「教授」的稱號，也強調了智慧在學習過程中的重要性。「維克多不僅僅在球場上有天賦，他還擁有許多優秀的特質，但他的知識可能是他最大的優勢之一。這個年齡階段的學習能力已經很強了，而這個特點更加速了他的進步。」在大都會對陣摩納哥的法國

錦標賽總決賽失利後，科萊特依然讚賞道：「儘管輸了，他仍然展現出卓越的領導力，他是天生的冠軍選手。」

因為對自己的職業生涯有著非常清晰的規畫，文班亞馬有著一顆不服輸的心。「我討厭輸，那會讓我內心情緒翻騰。」他的教練們很早就發現了這一點。正如弗雷德里克・多納迪厄分析的那樣：「在法國 U15 錦標賽中，他在關鍵比賽中的表現與專注程度，已經顯示出他非凡的潛力。」

文班亞馬從柯比・布萊恩的精神中汲取了很多激勵，他對柯比有著無限的崇敬之情。「自從他去世後，我幾乎每天都會想起他。他的工作哲學『曼巴精神』，一直激勵著我突破極限。我熟知他的數據、紀錄。他的離開對我是一個巨大的打擊。當我感覺自己已經到了極限時，我就會問自己，柯比會做到什麼程度。我知道他會做得更多，走得更遠。所以⋯⋯我也會繼續努力。」文班微笑著說。

CHAPTER 16

賭城的大獎

文班亞馬受邀參加 NBA 在拉斯維加斯舉辦的賽事，在對陣 G 聯盟引爆者隊的兩場友誼賽中大放異彩，分別取得 37 分和 36 分，驚豔了詹皇和柯瑞，成為全球媒體關注的焦點。

雖然拉斯維加斯已經有了美式足球（NFL）和冰球（NHL）球隊，還是一直期待擁有一支 NBA 球隊。就在 2022 年 10 月 3 日至 6 日，這座「罪惡之城」成為了全球籃球界的關注焦點。這是維克多·文班亞馬首次在美國亮相，受邀與布洛涅－勒瓦盧瓦隊一起，參加了兩場與 G 聯盟引爆者隊的友誼賽。這支 G 聯盟球隊專門培養年輕的籃球人才，隸屬於 NBA

的發展聯盟。

根據 ESPN 的報導，這次的表現太成功了，以至於 NBA 總裁亞當·蕭華承諾「在 2023 年會特別關注『擺爛』（tanking）的現象」。所謂擺爛，是聯盟中飽受詬病的一種策略，球隊會故意輸掉盡可能多的比賽，以增加獲得選秀狀元籤的機會，因為只有拿到狀元籤才能選到文班亞馬。蕭華還在美國媒體上看到報導，有一名球

隊高層在看過文班亞馬比賽之後，和同事們開玩笑大喊「要擺爛！」

因為在這兩場比賽中，來自勒謝奈的文班亞馬一共拿下了 73 分。除了得分外，他還展現了那些讓球探垂涎多年的招牌動作，例如三分球和單腳跳投，這些動作出現在 223 公分高的球員身上，就如同大都會 92 隊此次前往內華達州的旅行一樣，前所未見。NBA 在文班亞馬 7 月初簽約後就萌生了邀請他去拉斯維加斯參加比賽的這個想法。「他的經紀人布納‧恩迪亞耶向我們提出了具體的行程建議，24 小時後，前 NBA 全明星球員、G 聯盟總裁謝里夫‧阿布杜－拉辛（Shareef Abdur-Rahim）就確認了這份邀請。」法蘭西島球隊的運動營運總監艾倫‧懷茲（Alain Weisz）解釋道。

儘管正值法國聯賽賽季期間，法國籃球聯盟還是批准了這次的出國行程，一支由 24 人組成的隊伍隨後入住了拉斯維加斯最著名的酒店賭場之一——美高梅大酒店（MGM），而這次行程的所有費用都由 NBA 支付。

這場活動的焦點人物無疑是這位充滿動力的主角。文班亞馬幹勁十足，並在 2022 ～ 2023 賽季開始前表示：「這是前所未有的經驗，對法國籃球來說更是如此。我一直追求創新，也將這次機會當作自己擔當主角的重要舞臺，希望能在這個活動中創造一些了不起的成就。」

在場上，這名前維勒班球員的表現出色，進一步鞏固了他在 2023 年 NBA 選秀中的首選地位。因為 NBA 派出了 G 聯盟引爆者的後衛史庫特・亨德森。在 2023 年 6 月 22 日布魯克林巴克萊中心舉辦的選秀當時，他被視為唯一能與文班亞馬競爭狀元寶座的人。文班亞馬對記者們笑著說：「史庫特・

亨德森？他確實是位非常優秀的球員。如果我沒出生，他應該會是選秀狀元。」

24 小時後，文班亞馬在第 2 場比賽中以 37 分和 5 次阻攻的驚人表現讓所有人驚嘆不已，儘管大都會 92 隊最終以 115 比 122 落敗，但他在下半場拿下的 28 分讓球隊幾乎要逆轉勝。教練文森特・科萊特說：「他的表現有時候真的非常驚人。」

兩天後的復仇之戰，以布洛涅－勒瓦盧瓦的勝利告終（112 比 106），這名內線球員的表現亮眼（得分 36 分、4 次阻攻），而亨德森則因右膝不適而不得不提前離場。這場比賽不僅是一場籃球對決，更是一場超乎預期的魅力展現。通常氣氛相當寧靜的會議室中，一下湧入了 75 位取得採訪權的記者，以及大約 200 名 NBA 球隊高層和工作人員。大家都見識到了文班亞馬手握麥克風的自如，以及他流利的英語表達能力。「2002 年時我曾見識過姚明在芝

加哥進行的訓練課程。期間還有其他國際新星，也包括盧卡·東契奇，這樣說對其他球星沒有不敬之意，但自從姚明以來，我們還沒見過一個外籍球員引起這麼大的轟動。怎麼能錯過這樣的盛況呢？」馬爾克·斯皮爾斯（Marc Spears，ESPN）總結道。

在 NBA 沉悶的季前賽期間，文班亞馬的兩次亮相引發了眾多話題，讓聯盟的明星們在記者會上紛紛發表看法。每位球星在被問到對這位法國內線球員的看法時，大家一致認為他不僅是現象級的人物，也將是未來的強大對手。

「最近每個人都在使用『獨角獸』這個詞來形容這名球員，但他更像是一個外星人。沒有人見過像他這樣的球員。」洛杉磯湖人隊的前鋒勒布朗·詹姆斯這樣形容，這名球員曾榮獲 4 次總冠軍，也是 NBA 史上總得分王。同樣擁有 4 枚冠軍戒指、推動 NBA 三分球風潮的關鍵人物史蒂芬·柯瑞，也加入了這場讚美的行列。「這就像在 2K（NBA 電玩遊戲）中創造一個球員，一個身高超過 213 分的控球後衛。完全是『開外掛』──一種讓每次玩遊戲都可以贏的作弊方式──真的是一個不可思議的天才，而且看他打球非常賞心悅目。」金州勇士隊的主力控球後衛如此讚揚道。

而凱文·杜蘭特，2017 和 2018 年 NBA 總決賽的 MVP，及 2021 年率領密爾瓦基公鹿（Milwaukee Bucks）獲得總冠軍的揚尼斯·安戴托昆波，都已經在期待與文班亞馬的對決。「我們必須為這個孩子做好準備。他真的會變得非常厲害。」來自希臘的內線球員說。杜蘭特則補充道：「當他到來時，NBA 將面臨一個挑戰。現在有一個身高 223 分，且能在場上勝任任何角色的球員，這對很多人來說都是一種激勵。」

由於當時正值 NBA 賽季，聯盟不得不在 2022 年 10 月 7 日將文班亞馬「歸還」給法國，但他離開後很快就讓美國籃球圈感到

「我們已經無法統計到底收到
多少採訪請求，因為早已多到數不清。
原以為這股熱潮會慢慢消退，
但增長速度卻反倒快得驚人，瘋狂飆升。
簡直是一場風暴。」

——伊薩・姆博，公關負責人

不捨。為了彌補這一點，幾週後，NBA 與法國國家籃球聯賽達成了一項協議，開始在其應用程式上轉播每場大都會隊的比賽。這舉措進一步推動了文班亞馬的聲勢，讓他成為 NBA 眼中未來的象徵與新偶像。

拉斯維加斯的「大爆發」在隨後的幾個月裡帶來了多方面的影響，尤其是在媒體方面。《紐約時報》安排專人來到法國首都，《ESPN》派了 7 人團隊到巴黎製作紀錄片，並在其平臺上設立了一個文班亞馬的專區，《運動畫刊》和《Slam》雜誌把文班亞馬放在封面，NBC 也到場觀摩了在羅蘭・加洛斯舉行的總決賽……。

「我們已經無法統計到底收到多少採訪請求，因為早已多到數不清。」伊薩・姆博說，他負責處理選秀前整個賽季的媒體邀約。他描述這個現象為「瘋狂飆升」、「一場風暴」，這也讓許多法國和國際媒體都感到失望，因為不是所有媒體都能得到想要的內容。2023 年 6 月，伊薩在紐約選秀瘋潮中總結道：「我們原以為這股熱潮會隨著時間逐漸平息，但事實是，它從未停止，反而像文班亞馬一樣，根本沒有極限。」

一張照片，一段命運

這張預示著未來的照片，被維克多·文班亞馬的啟蒙教練之一
米迦勒·阿拉德挖了出來，
並在 2023 年 5 月 16 日 NBA 選秀抽籤大會當晚被瘋傳，
照片背後隱含了這位長期被稱為「獨角獸」的
天才籃球員的故事、歷程和命運。

　　這張照片色調偏黃，並不是因為時光的流逝，而是因為那是在楠泰爾的保羅·瓦揚－庫蒂里耶體育館裡，昏暗的燈光下匆忙用手機捕捉下來的瞬間。2014～2015 賽季時期，年輕的球員們正在尚未翻新的體育館中進行訓練。照片中，文班亞馬的影像略顯模糊，與他小學時期的教練米迦勒·阿拉德一起擺好姿勢。阿拉德身穿印有「楠泰爾籃球」字樣的連帽上衣。而這位高瘦的小伙子剛剛才加入上塞納的球隊，他們在 2013 年意外奪得法國高級聯賽冠軍，並在這裡迎接了他的第一個賽季。文班在照片中似乎露出了

"

「這張照片完美詮釋了
他的成長過程，
也預示了他的未來。
就像一切
都早已注定好似的……。」

——米迦勒·阿拉德

一絲微笑。在他微瞇的雙眼中，卻隱隱閃爍著一種混合了天真、自信與雄心的光芒。更引人注目的是，他穿著聖安東尼奧馬刺隊的 9 號球衣，那是東尼・帕克的背號。就在手機快門按下的那一刻，這張照片便定格了這位來自勒謝奈天才球員的故事、經歷和命運，彷彿預示了他與法國籃球未來的緊密聯繫。

2023 年 5 月 16 日至 17 日的夜晚，命運的預言成真。這是個期待已久的重要時刻，NBA 選秀抽籤大會，將決定哪支球隊擁有第 1 順位選秀權。也就是，一定會選擇維克多・文班亞馬的球隊。這歷史性的一刻，由有著 swoosh 標誌的品牌——這位年輕球星的贊助商——在香榭麗舍大道的巴黎總部隆重慶祝，文班亞馬的家人以及足球巨星基利安・姆巴佩也在場。就在一片歡呼聲中，聖安東尼奧馬刺隊的名字從抽籤結果中脫穎而出⋯⋯。

「宇宙早就告訴我了。」維克多・文班亞馬對 ESPN 激動的說。他後來告訴我們，在抽籤前，他拍了一段影片，對著鏡頭宣告他相信馬刺隊將會抽中狀元籤。那天晚上，米迦勒・阿拉德挖出了那張著名的照片，並在隔天上傳，文班亞馬穿著馬刺球衣的照片瞬間爆紅。

這真的是一個預言嗎？36 歲的教練反駁了這個迷人的假設：「每當我帶新進球員進入球隊時，總會習慣性的和他們合影，目的只是為了比較他們的身高變化，追蹤他們的成長而已。一切都只是為了記錄他的身高。」他笑著說，「所以我們當時並沒有特別做什麼。但有個地方很有趣，因為我身高 196 公分，維克多雖然名義上來說還是 U11 的球員，但已經在 U13 中比賽了，而他的身高已經幾乎跟我一樣了！至於那件球衣，其實也沒有什麼特別的故事。他當時特別喜歡馬刺隊嗎？是否一天到晚談論他們？說實話，我不記得了，也不這麼認為。當

時，你走進任何一個籃球場時，大家都穿著 TP（東尼‧帕克）的球衣，因為 2014 年他剛奪得 NBA 總冠軍。這是一種時代潮流，好比基利安‧姆巴佩，或是現在每個孩子都穿著史帝芬‧柯瑞的球衣在投三分球一樣。」

抽籤過程中，阿拉德看到無法獲得狀元籤的球隊名稱一一出現，聖安東尼奧的可能性越來越大，他突然想起了這張照片。於是瘋狂的翻找他的手機，終於找到了。隔天他發布之後，這張照片瞬間成為全球媒體和粉絲的焦點，甚至文班自己也在 Instagram 上分享了這張照片。

「我覺得分享這張照片很有趣，但沒想到會引起如此大的迴響。」阿拉德解釋道，「他的父母都還沒有同意我發這張照片，就

突然看到自己的孩子 11 歲時的照片在網路上流傳，讓我有點尷尬。最讓我覺得不可思議的，是這一連串的巧合。如果維克多當時沒有穿馬刺隊的球衣，我也沒有穿球隊的連帽衫，我大概就不會發布這張照片。大家一眼就能認出他那時瘦瘦的臉龐，還能看到他成長的地方，還有他的教練之一——我們當中有很多人都曾經陪伴和訓練過他，這對我們球隊來說是很美的一瞬間——同時也代表著他即將實現的夢想。

「這張照片像極了一個童話故事的開端。他加入馬刺隊？這看似偶然，卻又像是命中注定的巧合。這支隊伍跟他很契合，聰明、與眾不同，非常適合維克多，他思維敏捷，還帶著藝術家的氣質。這張照片完美詮釋了他的成長過程，也預示了他的未來。就像一切都早已注定好似的……。」

★文班這麼說★

「宇宙早就告訴我了」

「法國和馬刺之間有著一種特殊的聯繫，這要歸功於東尼・帕克和伯利斯・迪奧的職業生涯——帕克獲得 4 個冠軍頭銜，而 Babac（伯利斯・迪奧的暱稱）贏得的那次冠軍，就是在 2014 年時，和他最好的朋友帕克一起贏得的。全法國至少有一半的人，甚至可能整個國家，都希望聖安東尼奧能拿到這個狀元籤。當結果公布時，我看了看身邊的每個人。大家都很高興，我也是。宇宙早就告訴過我了……不是在誇大其詞，我真的知道這件事會發生。我甚至在早上去訓練時還錄了一段影片，說最終結果會是這個樣子。宇宙會給你這種暗示、夢想、情感……有時候就是會有這種感覺。而這種直覺總是很準確，從來不會有錯。」（ESPN 訪問，2023 年 5 月 16 日）

外星人
數據一覽

#1

文班亞馬在 2023 年 6 月 22 日星期四的 NBA 選秀中被選為狀元，成為選秀歷史上順位最高的法國球員，而他的隊友比拉爾・庫利貝瑞（由印第安納第 7 順位選中，後交易到華盛頓）則追平了之前基利安・海耶斯的紀錄。

#55

他鞋子的尺碼

#15

文班於 2019 年 10 月 29 日在歐洲盃上首次參加職業比賽（65 比 73，輸給布雷西亞），當時他年僅 15 歲 9 個月又 25 天。比賽的 3 天前，他首次出現在法國甲級聯賽的比賽名單上，但未上場比賽。17 歲時，正式參加歐冠聯賽。

#2,23

他的官方身高為 223 公分（按：2023 年數據），不含鞋子。NBA 史上只有 7 名球員達到或超過這個身高：馬克・伊頓（Mark Eaton）、里克・斯米茨（Rik Smits）、尚恩・布萊德利（Shawn Bradley）、馬努特・波爾（Manute Bol）、姚明、雷夫・辛普森和博班・馬揚諾維奇（Boban Marjanovic）。
他們 7 人在職業生涯中（包括常規賽和季後賽）共投進 78 個三分球。而文班亞馬在 3 個職業賽季中，楠泰爾、艾斯維爾和布洛涅－勒瓦盧瓦，就已經投進 100 個三分球。

#2,43

他的手臂展開的長度為 243 公分，是現役 NBA 球員中最長的，比博班・馬揚諾維奇和莫・班巴（Mo Bamba）的 238 公分還要長。不過，歷史紀錄仍由馬努特・波爾（259 公分）保持。

#100%

文班亞馬已贏得了所有的個人獎項：MVP（歷史上最年輕，19 歲 4 個月又 14 天，打破安托萬·里戈多，Antoine Rigaudeau 紀錄）、最佳新秀、最佳防守球員、最佳得分手，以及蒂埃里·魯伯特（Thierry Rupert）最佳火鍋獎。

這是法國國家聯盟史上前所未有的個人大滿貫。

他成為第 3 位在 19 歲之前，在錦標賽中至少得 500 分的球員，前兩位是托萬·里戈多和東尼·帕克。他在常規賽結束時甚至突破了職業生涯 1,000 分的里程碑。

#500

#21.6

這是他的聯賽平均得分（最高紀錄為 33 分），自 2004 年瑞克·休斯（Rick Hughes，斯特拉斯堡 IG 隊，平均得分 24.1 分）和 1995 年亞恩·博納托（Yann Bonato，巴黎 BR 隊，平均得分 23.3 分）的紀錄之後，從未有人達成的成就。文班不僅是聯賽的最佳得分手，也是最佳籃板手（10.4 顆）、最佳阻攻（3 顆）和評價最佳（26 分，自 1996 年效力於勒芒隊的保羅·福提爾，Paul Fortier，創下的 27.1 分紀錄以來，未曾見過的成績）。

市場影響力

#350

以百萬計，這是 2022～2023 賽季間提到或關於文班的內容所產生的觀看次數。這使他成為在 NBA 社群媒體上累積最多互動的第 8 位球員。自 2022 年 10 月底以來，NBA 就開始播放大都會隊的比賽。排名由勒布朗（13 億次）和柯瑞（8.81 億次）領先，文班甚至超越了 2023 年 NBA 決賽冠軍和 MVP 尼古拉·約基奇（第 10 名，2.53 億）。

#2.3

以百萬計，這是他在 2023 年夏天，Instagram 上的粉絲人數，已遠遠超過所有其他 NBA 的法國球員。

國際表現

#20

這是他首次身穿法國國家隊藍色戰袍上陣的總得分，在 2022 年 11 月 11 日的比賽中，法國以 90 比 65 大勝立陶宛，文班甚至在最後一節並未上場。

在 2021 年夏季的 U19 世界錦標賽上，法國隊在決賽中以 81 比 83 輸給美國隊，維克多·文班亞馬為比賽的 5 名先發球員之一，在 7 場比賽中共計有 40 次阻攻，平均每場 5.7 次。這項數據打破了國際籃球總會有紀錄以來的歷史阻攻紀錄，涵蓋所有年齡組別。

#5.7

「外星人」、「開外掛」……
當明星們談論文班

「他是那種你可以在《NBA 2K》遊戲中創造的球員，所有控球後衛的夢想就是身高超過 213 公分，完全是理想型。他就像「開外掛」——一種讓每次玩遊戲都可以贏的作弊方式——一個不可思議的天才，而且看他打球非常賞心悅目。」

史蒂芬·柯瑞（金州勇士隊）
與勇士隊曾榮獲 4 次冠軍

「最近大家都在用『獨角獸』這個詞，但他更像個外星人。從來沒有見過如此高大的球員，卻能在場上展現出如此流暢和優雅的動作。他是一位『世代型』球員。」

勒布朗·詹姆斯（洛杉磯湖人隊）
4 屆冠軍和 NBA 歷史總得分王

「他就是籃球發展的象徵。一個223公分的傢伙竟然什麼事都做得到，真是鼓舞人心。這種天賦讓人忍不住嘴角上揚。等他真正進入NBA時，聯盟將面臨新的挑戰。而我迫不及待的想看到這一幕。」

凱文·杜蘭特（鳳凰城太陽隊）
效力於金州勇士隊時曾獲得2次NBA冠軍

「他並不是勒布朗、提姆·鄧肯、柯比·布萊恩或其他任何人。他就是維克多，我們希望他保持自我。我對要帶領他感到興奮嗎？我簡直開心到想做個後空翻，不過這樣我可能會因傷缺席3個月（笑）。」

格雷格·波波維奇
馬刺隊總教練，與這支德州的球隊簽約至2028年

「我相信到了2045年，所有球員都會像維克多一樣。以他的身高來說，有這樣的技巧、投籃準度、機動性和速度，真的令人難以置信。他有機會成為史上最偉大的籃球員之一。我們從未見過這樣的球員，這對每個人來說都是一個巨大的挑戰。」

揚尼斯·安戴托昆波（密爾瓦基公鹿隊）
2021年與公鹿隊奪冠

感謝辭

感謝…

• 維克多・文班亞馬及其父母艾洛蒂・佛德侯和費利克斯・文班亞馬，感謝他們多年來允許我們陪伴在他們身邊，這是我們能夠見證這段前所未有冒險不可或缺的條件。

• 米迦勒・阿拉德、吉約姆・阿爾基耶、卡里姆・布貝克利、文森特・科萊特、弗雷德里克和帕斯卡・多納迪厄、布萊恩・喬治，以及來自楠泰爾及其他地方的朋友們，感謝他們幫助我們了解這位「外星人」馬刺球員的不同面向。

• ComSport 公司的布納・恩迪亞耶、傑瑞米・梅賈納和伊薩・姆博，感謝他們在媒體瘋狂圍繞著球員時，仍向《隊報》敞開了許多大門。

• 吉恩－菲利浦・布夏（Jean-Philippe Bouchard）和羅倫斯・高提耶（Laurence Gauthier），感謝他們對這本書的信任，特別感謝格雷格出色的插圖，讓本書提升到了另一個層次。

• 茱莉・都梅莉耶（Julie Dumélié），感謝她在布爾堡 U11 世界盃的幫助和提供這些珍貴的照片。

• 吉約姆・德古雷（Guillaume Degoulet）、阿諾・雷科提（Arnaud Lecomte）、莎米・沙迪克（Sami Sadik），感謝他們的傾聽和幫助，並且容忍我從日常工作中抽出時間，我才得以專心投入這本書。

• 帕斯卡・吉伯內（Pascal Giberné）和麥克・帕里姆（Maïk Prime），感謝他們豐富且鼓舞人心的交流。

• 感謝我永遠的伴侶寶拉（Paula），以及我的孩子艾薩克（Isaac）和加百列（Gabriel），感謝他們在包容我頻繁的缺席和無盡工作至深夜之餘，依然能夠理解和支持我。

國家圖書館出版品預行編目（CIP）資料

文班亞馬：詹皇驚呼「外星人」，邁向 NBA 狀元
的獨家內幕，籃壇新王者的寫真傳記／伊安‧歐諾
納（Yann Ohnona）著；周喧軒譯 .-- 初版 .
-- 臺北市：大是文化有限公司，2024.11
224 面；17×23 公分 . --（Style；99）
譯　自：Wembanyama. Exclusif les coulisses de son
arrivée en NBA
ISBN 978-626-7539-45-3（平裝）

1. CST：文班亞馬（Wembanyama, Victor, 2004-）
2. CST：運動員　3. CST：職業籃球　4. CST：傳記

784.28　　　　　　　　　　　　113013720

Style 099

文班亞馬
詹皇驚呼「外星人」，邁向 NBA 狀元的獨家內幕，籃壇新王者的寫真傳記

作　　者／伊安‧歐諾納（Yann Ohnona）
插　　畫／Grey
譯　　者／周暄軒
校對編輯／張庭嘉
副 主 編／蕭麗娟
副總編輯／顏惠君
總 編 輯／吳依瑋
發 行 人／徐仲秋
會計部｜主辦會計／許鳳雪、助理／李秀娟
版權部｜經理／郝麗珍、主任／劉宗德
行銷業務部｜業務經理／留婉茹、行銷企劃／黃于晴、專員／馬絮盈
　　　　　　助理／連玉、林祐豐
行銷、業務與網路書店總監／林裕安
總 經 理／陳絜吾

出 版 者／大是文化有限公司
　　　　　臺北市 100 衡陽路 7 號 8 樓
　　　　　編輯部電話：（02）23757911
　　　　　購書相關諮詢請洽：（02）23757911 分機 122
　　　　　24 小時讀者服務傳真：（02）23756999
　　　　　讀者服務 E-mail：dscsms28@gmail.com
　　　　　郵政劃撥帳號：19983366　戶名：大是文化有限公司

香港發行／豐達出版發行有限公司 Rich Publishing & Distribution Ltd
　　　　　地址：香港柴灣永泰道 70 號柴灣工業城第 2 期 1805 室
　　　　　　　　 Unit 1805, Ph. 2, Chai Wan Ind City, 70 Wing Tai Rd, Chai Wan, Hong Kong
　　　　　電話：2172-6513　傳真：2172-4355　E-mail：cary@subseasy.com.hk

封面設計／林雯瑛　內頁排版／林雯瑛
印　　刷／鴻霖印刷傳媒股份有限公司
出版日期／2024 年 11 月初版
定　　價／新臺幣 599 元（缺頁或裝訂錯誤的書，請寄回更換）
I S B N／978-626-7539-45-3
電子書 ISBN／9786267539415（PDF）
　　　　　　　9786267539422（EPUB）